Guitar Chord Songbook

Jim Croce

ISBN 978-1-4950-2831-1

HAL•LEONARD®
CORPORATION
7777 W. BLUEMOUND RD. P.O. BOX 13819 MILWAUKEE, WI 53213

In Australia Contact:
Hal Leonard Australia Pty. Ltd.
4 Lentara Court
Cheltenham, Victoria, 3192 Australia
Email: ausadmin@halleonard.com.au

Visit Hal Leonard Online at
www.halleonard.com

Guitar Chord Songbook

Age

Words and Music by
Jim Croce and Ingrid Croce

Melody:

I've been   up   and down and a - round

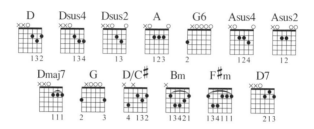

Intro

D	Dsus4 D Dsus2 D	A		
G6		Asus4	Asus2 A	
D	Dsus4 D Dsus2 D	Dmaj7		
G6		Asus4	A	

Verse 1

        D   **A**
I've been up and down and around and 'round and back again.

    G   **D**   **A**
I've been so many places I can't remem - ber where or when.

       D   **A**   **Asus4 A**
And my only boss was the clock on the wall and my only friend

G   **A**   **D** **Dsus2 D D/C#**
Never really was ___ a friend at all.

Chorus 1

       Bm   F#m
I've traded love for pennies; sold my soul for less.

                G   D   A   Asus4
Lost my i - deals in that long tunnel of time.

A   D   Dsus2 D   A
  And I've turned inside out and a - round ___ about and back

       Asus4 A G
And then ___   I found myself

A   G   A   D Dsus2 D G D Dsus2
Right back where I   start - ed again.

Verse 2

D G   D   A
  Once I had myself a million, now I've only got a dime,

   G   A   D
The diff'rence don't seem quite as bad today.

A   D   A
  With a nickel or a million, I was searching all the time

   G   A   G   D D/C#
For something that I never lost or left behind.

Chorus 2

         Bm   F#m
Well, I've traded love for pennies; sold my soul for less.

                G   D   A   Asus4
Lost my i - deals in that long tunnel of time.

A   D   Dsus2 D   A
  And I've turned inside out and a - round ___ about and back

       Asus4 A G
And then ___   I found myself

A   G   A   D Dsus4 D Dsus2
Right back where I   start - ed again.

Interlude

D		A Asus4	A	
G	A	D		
		A Asus4 A		
G	A	D Dsus2	D Dmaj7 D7
G	A	D		

                              D
Verse 3   Well, now I'm in my second circle

                      A
              And I'm headin' for the top,

                G   **A**   **D**
              I've learned a lot of things ___ along the way.

              A   **D**
                 I'll be careful while I'm climbin'

                        A
              'Cause it hurts a lot to drop,

                 D   **A**   **G**   **A**   **D Dsus2 D D/C♯**
              And when you're down nobody gives a   damn anyway.

                        Bm   **F♯m**
Chorus 3   But I've traded love for pennies; sold my soul for less.

                        G   **D**   **A   Asus4**
              Lost my i - deals in that long tunnel of time.

              A   **D**   **A**
                 And I've turned inside out and around about and back and then

              G   **Asus4**   **G**   **A**   **D**
              I found myself right back where I   start - ed again.

Outro   ‖: **D** | | **Dmaj7** | |

              | **G** | | **Asus4** | **A**   :‖ *Repeat and fade*

Alabama Rain

Words and Music by
Jim Croce

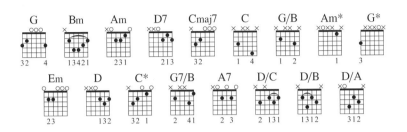

Intro

‖: G Bm | Am D7 :‖

Verse 1

G   Bm   Am   D7
Lazy days in mid July,

G   Bm   Am   D7
Country Sunday mornin's.

G   Bm   Am   D7
Dusty haze on summer high - ways,

G   Bm   Am   D7
Sweet mag - nolia callin'.

Chorus 1

Cmaj7   Bm
But now and then I find myself

Am   Bm
Thinkin' of the days

        C   G/B Am* G*
That we were walkin' ___ in

        Em   D   G   C*   G   C*
The Alabam - a rain.

Verse 2

```
G        Bm    Am       D7
Drive-in movies Friday nights,

G            Bm      Am   D7
Drinkin' beer ___ and laughin',

G        Bm       Am       D7
Somehow things were always right,

 G    Bm      Am    D7
I just don't know what happened.
```

Chorus 2

```
Cmaj7               Bm
But now and then I find myself

Am              Bm
Thinkin' of the days

             C     G/B Am* G*
When we were walkin' ___  in

   Em    D    G    C*  G  Am* G7/B
The Alabam - a rain.
```

Bridge

```
C*     D  C*     Bm          Em
We were on - ly kids ___ but then

Am      D7      G
I've never heard it said

   Am* G7/B C*       D
That kids  can't  fall in love

   Bm        Em
And feel the same.

A7            D         D/C
I can still re - member the first time

 D/B     D/A
I told you I love you.
```

Verse 3

G   Bm Am   D7
On a dusty mid July,

G   Bm   Am D7
Country summer's evenin',

G   Bm Am   D7
A weepin' willow sang its lullaby

G   Bm   Am D7
And shared our secret.

Chorus 3

Cmaj7   Bm
But now and then I find myself

Am   Bm
Thinkin' of the days

           C   G/B Am* G*
That we were walkin' ___ in

    Em   D   G   C* G Am* G7/B
The Alabam - a rain.

C   G/B Am* G*
Walkin' ___ in

    Em   D   G   C* G C* G C* G
The Alabam - a rain.

Bad, Bad Leroy Brown

Words and Music by
Jim Croce

Melody:

Well, the south side of Chi-ca - go

G	D7	G7	A7	B7	C7	D7*
13421	3241	13121	13121 5fr	13121 7fr	13121 8fr	13121 10fr

Intro

| G | | | | |
| | | | | D7 |

Verse 1

      G7   A7
Well, the south ____ side of Chicago is the bad - dest part of town

   B7   C7
And if you go down there, you better just beware

   D7*   C7   G7 D7
Of a man ____ named a, Leroy Brown.

   G7
Now, Le - roy, more than trouble.

    A7
You see he stand about six foot four.

    B7   C7
All the down - town ladies call him "treetop lover."

   D7*   C7   G7   D7
All the mens just call him, "Sir." ____ (Right on now.)

Chorus 1

     G7
And he's bad, ____ bad Leroy Brown,

A7
Baddest man in the whole damn town.

B7   C7
Badder than old King Kong,

   D7*   C7   G7 D7
And meaner than a junkyard dog.

Verse 2

        G7   **A7**
Now, Le - roy, he a gambler and he like ____ his fancy clothes

        B7   **C7**
And he like ____ to wave his diamond rings

       D7*   **C7**   **G7 D7**
In front of ev'rybod - y's nose.

        G7   **A7**
He got a custom Continental. He got an El Dorado too.

        B7   **C7**
He got a thirty-two gun in his pock - et for fun.

     D7* **C7**   **G7 D7**
He got a razor in his shoe.

Chorus 2

          G7
And he's bad, ____ (Bad,) bad (bad.) Leroy Brown,

A7
Baddest man in the whole damn town.

B7   **C7**
Badder than old King Kong,

   D7*   **C7**   **G7 D7**
And meaner than a junkyard dog.

Verse 3

        G7   **A7**
Well, Fri - day 'bout a week ago Leroy shooting dice.

       B7   **C7**
And at the edge of the bar sat a girl, name of Doris

    D7*   **C7**   **G7 D7**
And, a, ooh that girl ____ look nice.

          G7   **A7**
Well, he cast ____ his eyes upon her and the trou - ble soon began.

   B7   **C7**
And Leroy Brown, he learned a lesson 'bout a messin'

      D7*   **C7**   **G7 D7**
With a wife ____ of a jeal - ous man.

Chorus 3   *Repeat Chorus 2*

Verse 4

                      G7
Well, those two ____ men took to fightin'

                A7
And when they pulled them from the floor

B7   **C7**
Leroy looked like a jig - saw puzzle

      D7*   **C7**   **G7 D7**
With a couple of piec - es gone.

Chorus 4

                G7
And he's bad, ____ bad Leroy Brown,

A7
Baddest man in the whole damn town.

B7   **C7**
Badder than old King Kong,

D7*   **C7**   **G7 D7**
Meaner than a junkyard dog.

Chorus 5

                G7
And he's bad, ____ (Bad,) bad (bad.) Leroy Brown,

A7
Baddest man in the whole damn town.

B7   **C7**
Badder than old King Kong,

D7*   **C7**   **G7**
Meaner than a junkyard dog.

           B7   **C7**
Yeah, he was badder than old King Kong

D7*   **C7**   **G7**
Meaner than a junkyard dog.

Box #10

Words and Music by
Jim Croce

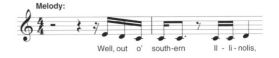

C G Am F C* C7 Fmaj7 G/B Gsus4

Intro
|C   G |Am   F |C   G |C* C7 G

Verse 1
                           C   G
Well, out o' southern Illi - nois,

             Am   F
Come a down-home country boy.

              C
He's gonna make it in the city

           G   F C7 G
Playin' guitar in the studio.

                 C   G
A, well, he hadn't been there an hour,

           Am   Fmaj7
When he met a Broadway flow'r.

               C
You know she took him for his money

           G   F C7 G
And she left him in a cheap hotel.

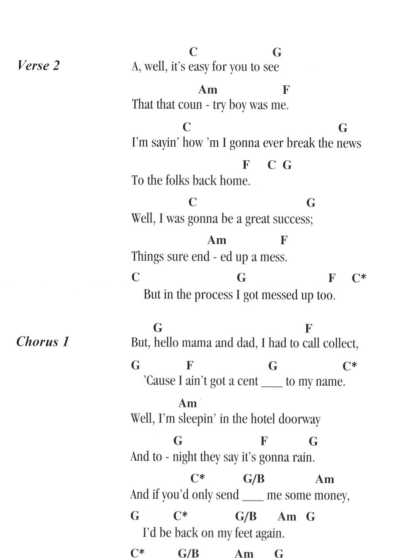

Verse 2

      C   G
A, well, it's easy for you to see

         Am   F
That that coun - try boy was me.

        C   G
I'm sayin' how 'm I gonna ever break the news

           F   C G
To the folks back home.

      C   G
Well, I was gonna be a great success;

        Am   F
Things sure end - ed up a mess.

C   G   F   C*
  But in the process I got messed up too.

Chorus 1

  G   F
But, hello mama and dad, I had to call collect,

G   F   G   C*
  'Cause I ain't got a cent ___ to my name.

      Am
Well, I'm sleepin' in the hotel doorway

    G   F   G
And to - night they say it's gonna rain.

      C*   G/B   Am
And if you'd only send ___ me some money,

G   C*   G/B   Am G
  I'd be back on my feet again.

C* G/B   Am   G
Send it in care of the Sunday Mission,

Gsus4   C*   G C* G/B Am G F G C*
Box number ten.

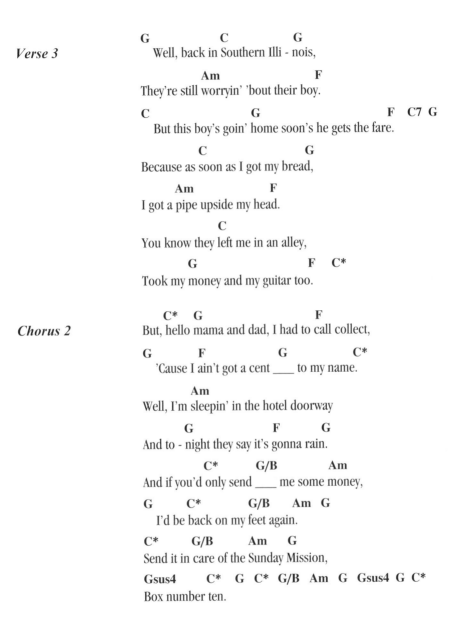

Verse 3

```
          G              C        G
          Well, back in Southern Illi - nois,

                  Am                  F
          They're still worryin' 'bout their boy.

          C              G                    F   C7  G
          But this boy's goin' home soon's he gets the fare.

                      C            G
          Because as soon as I got my bread,

                  Am            F
          I got a pipe upside my head.

                      C
          You know they left me in an alley,

                  G                F    C*
          Took my money and my guitar too.
```

Chorus 2

```
          C*   G                  F
          But, hello mama and dad, I had to call collect,

          G      F        G        C*
          'Cause I ain't got a cent ___ to my name.

                  Am
          Well, I'm sleepin' in the hotel doorway

                  G          F       G
          And to - night they say it's gonna rain.

                      C*      G/B      Am
          And if you'd only send ___ me some money,

          G    C*        G/B     Am  G
          I'd be back on my feet again.

          C*     G/B      Am    G
          Send it in care of the Sunday Mission,

          Gsus4      C*   G  C*  G/B  Am  G  Gsus4  G  C*
          Box number ten.
```

Big Wheel

Words and Music by
Jim Croce and Ingrid Croce

Melody:

Big wheel, don't you   roll,

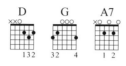

Intro   ‖: D | :‖

Chorus 1

D　　　　　　　G
Big wheel, don't you roll,

　　A7　　　　　D　　　　　　G
Big diesel, don't you whine through the night

　　　A7　　　　　D　　A7
As I'm runnin' down the road.

　　　D　　　　　　G
Big semi, don't you stop,

　　A7　　　　　D　　　G
'Cause if you do I'm not gonna make it

　　　A7　　　　　　D
Back to Baltimore with my load.

Verse 1

　　　　　D　　　　　　　G
Well, the truckstop's warm and friendly

　　　A7　　　　　D
And the coffee keeps me up,

　　　G　　　　　　　A7　　　　D　　A7
And the waitress there would like to waste my time

　　　　D　　　　G　　A7　　　　　D
But I'll have to pass it by as it's down the road I fly,

　　　G　　　　　　A7　　　　D
Just a racin' with that pocket watch of mine.

| Chorus 2 | *Repeat Chorus 1* |

Interlude

```
| D      | G      | A7     | D      |        |
| G      | A7     | D      |        |        |
|        |        |        |        |        |
```

Verse 2

D   G
Smoke a puffin', tires a hummin'.

A7   D
Burnin' up the road,

          G   A7   D   A7
Counting road signs and the miles to Baltimore.

D   G   A7   D
One eye out for weighin' stations, one for radar traps,

          G   A7   D
They can't stop me, 'cause my plans don't call for that.

Chorus 3

D   G
Big wheel, don't you roll,

     A7   D   G
Big diesel, don't you whine through the night

     A7   D   A7
As I'm runnin' down the road.

     D   G
Big semi, don't you stop,

     A7   D   G
'Cause if you do I'm not gonna make it

     A7   D   A7 D
Back to Baltimore with my load.

Careful Man

Words and Music by
Jim Croce

Melody:

I don't gam - ble, I don't fight,

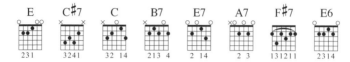

E   C#7   C   B7   E7   A7   F#7   E6

Intro | E | C#7 | C B7 E | | B7

Verse 1

         E7
I don't gam - ble, I don't fight,

      A7   F#7
I don't be hangin' in the bars at night.

         E7   C#7
Yeah, I used _____ to be a fighter

      F#7   B7   E6
But now ____ I am a wis - er man.

Verse 2

         E7
I don't drink ____ much, I don't smoke,

      A7   F#7
I don't be hardly messin' 'round with no dope.

         E7   C#7
Yeah, I used ____ to be a problem

      F#7   B7   E7
But now ____ I am a care - ful man.

Chorus 1

        A7
But, if you used to want to see a commotion,

        E7
You should a seen the man that I used to be.

        A7   F#7   N.C.   B7
I was trou - ble in perpetual motion, trouble with a capital "T."

Verse 3

           E7
A, stayin' out ____ late, havin' fun,

         A7   F#7
Done shot off ev'ry single shot in my gun.

          E7   C#7
Yeah, I used ____ to be a lover,

        F#7   B7   E6
But now ____ I am an old - er man.

Guitar Solo

E7		A7	F#7	
E7 C#7	F#7 B7	E7	B7	
E7		A7	F#7	
E7 C#7	F#7 B7	E7	

Chorus 2

E7   A7
  Well, you used to wanna see a commotion,

          E7
You shoulda' seen the man that I used to be.

     A7   F#7 N.C.   B7
I was trou - ble in perpetual motion, trou - ble with a capital "T."

Verse 4

           E7
Stayin' out late, ____ havin' fun,

         A7   F#7
Done shot off ev'ry single shot in my gun.

          E7   C#7
Yeah, I used ____ to be a terror

      F#7   B7   E7
But now ____ I am a tired ____ man.

C#7   F#7
  Yeah, I used ____ to be a terror

      B7   E6
But now ____ I am a tired man.

Outro-Guitar Solo

|: E7 | | A7 | F#7 | |
| E7 C#7 | F#7 B7 | E7 | B7 | :| *Repeat and fade*

Dreamin' Again

Words and Music by
Jim Croce

Don't you know I ___ had a dream ___

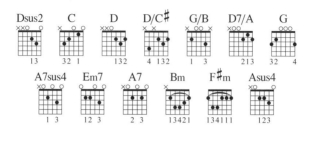

Intro

| Dsus2 | | C | Dsus2 | | C | |
| Dsus2 | | C | Dsus2 | | C | |

Verse 1

        D   **D/C♯**   **G/B**   **D7/A**
Don't you know I had a dream ___ last night

G   **Dsus2**
  That you were here with me,

D   **D/C♯**   **G/B**   **A7sus4**   **Em7** **A7**
  Lyin' by my side ___ so soft and warm

      D   **D/C♯**   **G/B**   **D7/A**
And we talked awhile ___ and shared ___ a smile

G   **D**
  And then we shared the dawn.

        Bm   **F♯m**   **Em7** **A7**
But when I woke up, oh, my dream ___ it was gone.

Verse 2

            D   D/C♯   G/B   D7/A
Don't you know I had a dream ____ last night

G   Dsus2
  And you were here with me,

D   D/C♯   G/B   A7sus4   Em7   A7
  Lyin' by my side ____ so soft and warm

          D   D/C♯   G/B   D7/A
And you said you'd thought it o - ver,

      G   D
You said that you were comin' home

            Bm   F♯m   Em7   A7
But when I woke up, oh, my dream ____ it was gone.

 |Dsus2 | C |Dsus2 |

Bridge

Dsus2 D/C♯ D   Em7   A7
I'm   not the same, ____ can you blame ____ me?

       D   Bm
Is it hard to understand?

          Em7   A7
I can't forget, ____ you can't change ____ me,

        D   Bm   Em7   A7
I am not that kind of man.

Verse 3

          D   D/C♯   G/B   D7/A
Don't you know I had a dream ____ last night

G   Dsus2
  And ev'rything was still.

D   D/C♯   G/B   Asus4   Em7   A7
  You were by my side ____ so soft and warm

          D   D/C♯   G/B   D7/A
And I dreamed that we were lov - ers

G   D
In the lemon scented rain

          Bm   F♯m   Em7
But when I woke up, oh, I found ____ that again

A7   Dsus2   C   Dsus2
  I had been dreamin', dreamin' again.

C   Dsus2   C   Dsus2   C   D
I had been dreamin', dreamin' again.

Five Short Minutes

Words and Music by
Jim Croce

Well, she was stand-in' by my dress-in' room

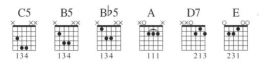

C5	B5	B♭5	A	D7	E
134	134	134	111	213	231

Intro | C5   **B5 B♭5 A** | | C5   **B5 B♭5 A** | |

Verse 1
        C5 B5 B♭5 A
        Well, she   was standin' by my dressin' room after the show,

Askin' for my autograph and

                               D7
Asked if she could go back to my motel room.

                     A   **E**
But the rest is just a tragic tale because five short minutes of lovin'

         D7   **A**   **E**
Done cost me twenty long years in jail.

Verse 2
                 A
Well, like a fool in a hurry I took her to my room,

She casted me in plaster while I sang her a tune.

            D7   **A**
Then I said, ooh, ooee, sure was a tragic tale

        E
Because five short minutes of lovin'

              D7   **A**   **E**
Done brought me twenty long years in jail,

Verse 3

$\qquad\qquad\qquad\quad$ **A**
Well, then a judge and a jury sat me in a room.

They say that robbin' the cradle is worse than robbin' the tomb.
$\qquad\qquad$ **D7** $\qquad\qquad\qquad\qquad$ **A**
Then I said, ooh, ooee, sure was a tragic tale.

(Wasn't worth it, wasn't worth it.)
$\qquad\qquad$ **E**
Because five short minutes of lovin'
$\qquad\qquad\qquad$ **D7** $\qquad\qquad$ **A** **E**
Done cost me twenty long years in jail.

Guitar Solo $\qquad$ *Repeat Verse 1 (Instrumental)*

$\qquad\qquad\qquad\qquad$ **A**
Verse 4 $\qquad\qquad$ When I get out of this prison gonna be forty-five.

I'll know I used to like to do it but I won't remember why.
$\qquad\qquad$ **D7** $\qquad\qquad\qquad\qquad$ **A**
I'll say, ooh, ooee, sure was a tragic tale.

(Wasn't worth it, wasn't worth it.)
$\qquad\qquad$ **E**
Because five short minutes of lovin'
$\qquad\qquad\qquad$ **D7** $\qquad\qquad$ **A**
Done cost me twenty long years in jail.
$\qquad\qquad$ **E**
Because five short minutes of lovin'
$\qquad\qquad\qquad$ **D7** $\qquad\qquad$ **A** **E**
Done cost me twenty long years in jail.

Outro-Guitar Solo *Repeat Verse 1 (Instrumental) and fade*

Hard Time Losin' Man

Words and Music by
Jim Croce

Melody:

And you think you seen trou - ble,

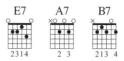

E7   A7   B7

2314   2 3   213 4

Intro | E7 | A7 | B7 A7 |

Chorus 1

      E7   **A7**
      And you think you seen trouble,

                      E7   **A7**
      Well, you're lookin' at the man. Ah, ha.

        E7   **B7**
      Oh, the world's own original hard ___ luck story

      A7   **E7 B7**
      And a hard time losin' man.

Verse 1

          E7   **A7**
      Oh, some - times skies are cloud - y

      B7   **A7**   **E7 B7**
      And some - times skies are blue.

          E7   **A7**
      And some - times they say that you eat the bear,

      B7   **A7**   **E7 B7**
      But some - times the bear eats you.

          E7   **A7**
      And some - times I feel like a I should go

      B7   **A7**   **E7 B7**
      Far, ___ far a - way and hide.

          E7   **A7**
      'Cause a I keep a waitin' for my ship to come in,

      B7   **A7**   **E7**
      And all that ever come is the tide.

Chorus 2   *Repeat Chorus 1*

Verse 2

           E7   A7
Oh, I saved ___ up all my mon - ey;

       B7   A7   E7 B7
I gonna buy me a flashy car.

         E7   A7
So, I go ___ downtown to see the man,

       B7   A7   E7 B7
And he's smokin' on a big cigar.

          E7   A7
Well, he must - 've thought I were Rockefeller

    B7   A7   E7 B7
Or a uptown man ___ of wealth.

        E7   A7
He said, "Boy, I got the car that's a made for you

     B7   A7   E7
And it's cleaner than the Board of Health."

               A7   E7
Then I get on the high - way, oh, I'm feelin' fine.

    A7   E7   B7
I hit a bump, then I found I bought a car held to - gether

       A7   E7
By wire and a couple of hunks of twine.

Chorus 3   *Repeat Chorus 1*

Verse 3

    E7   N.C.   A7   N.C.
Oh, Friday ____ night, feelin' ____ right,

    B7   N.C.   A7   N.C. E7 N.C.
I head out ____ on ____ the street.

E7 N.C.   A7 N.C.
  Standin' in the door - way

    B7   N.C.   A7   N.C.
A was a dealer ____ known ____ as Pete.

E7 B7   E7   A7
    But he sold ____ me a dime of some super fine

  B7   A7   E7 B7
Dy - namite from Mexico.

        E7   A7
I spent all ____ that night just tryin' ____ to get right

    B7   A7
On a ounce of o - regano.

Outro-Chorus

  E7   A7
‖:   Well, you think you seen trouble,

             E7   A7
Well, you're lookin' at the man. Ah, ha.

    E7   B7
Oh, the world's own original hard ____ luck story

    A7
And a hard time losin' man. :‖ *Repeat and fade*

It Doesn't Have to Be That Way

Words and Music by
Jim Croce

Melody:

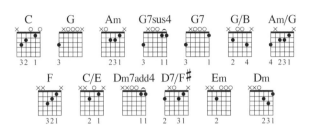

Snow - y   nights _ and Christ - mas   lights, ___

Intro

| C   G | **2/4** Am | **4/4** G7sus4 | G7 | |

Verse 1

    C   G/B   Am   Am/G
Snowy nights and Christ - mas lights,

F   C/E   Dm7add4   G7
I - cy window panes

C   G/B   Am   Am/G
Make me wish that we ____ could be

D7/F#   G Am G/B
Together again.

G7   C   G/B Am Am/G
And the windy winter avenues

F   C/E   Dm7add4   G7
Just don't ____ seem the same.

             C   G/B Am   Am/G
And the Christmas car - ols   sound like blues,

             F   G   C
But the choir is not to blame.

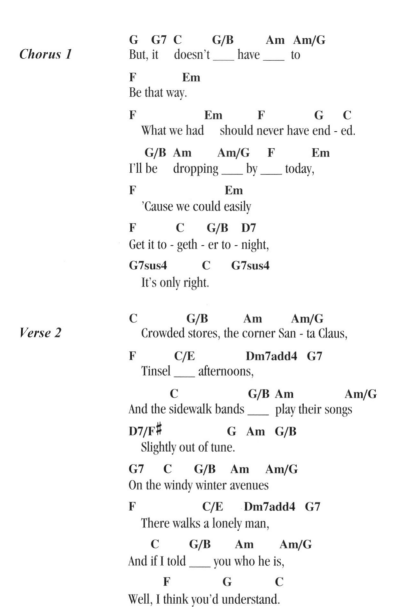

Chorus 1

G	G7	C	G/B		Am	Am/G

But, it doesn't ___ have ___ to

F   Em

Be that way.

F   Em   F   G   C

What we had   should never have end - ed.

G/B Am   Am/G   F   Em

I'll be dropping ___ by ___ today,

F   Em

'Cause we could easily

F   C   G/B   D7

Get it to - geth - er to - night,

G7sus4   C   G7sus4

It's only right.

Verse 2

C   G/B   Am   Am/G

Crowded stores, the corner San - ta Claus,

F   C/E   Dm7add4 G7

Tinsel ___ afternoons,

C   G/B Am   Am/G

And the sidewalk bands ___ play their songs

D7/F♯   G Am G/B

Slightly out of tune.

G7   C   G/B Am Am/G

On the windy winter avenues

F   C/E   Dm7add4 G7

There walks a lonely man,

C   G/B   Am   Am/G

And if I told ___ you who he is,

F   G   C

Well, I think you'd understand.

Chorus 2

G G7 C   G/B   Am Am/G
But, it   doesn't ___ have ___ to

F   Em
Be that way.

F   Em   F   G   C
What we had   should never have end - ed.

 G/B Am   Am/G   F   Em
I'll be   dropping ___ by ___ today,

F   Em
 'Cause we could easily

F   C   G/B   D7
Get it to - geth - er to - night,

G7sus4   C Dm Em F G
 It's only right.

Chorus 3

     C   G/B   Am Am/G
No, it doesn't ___ have ___ to

F   Em
Be that way.

F   Em   F   G   C
What we had   should never have end - ed.

 G/B Am   Am/G   F   Em
I'll be   dropping ___ by ___ today,

F   Em
 'Cause we could easily

F   C   G/B   D7
Get it to - geth - er to - night,

G7sus4   C Dm Em F G C
 It's only right.

The Hard Way Every Time

Words and Music by
Jim Croce

Melody:

Yeah, I've had my share _ of

(Capo 2nd fret)

D   Bm7   Em   A   Bm   F#m   G   D/F#   D/A

Intro |D   Bm7 |Em   A |D   Bm7 |Em   A

Verse 1
             D   Bm   F#m   G
Yeah, I've had my share ___ of bro - ken dreams

       Bm   A   G D
And more than a couple of falls.

           Bm   F#m   G
And in chasin'   what I thought ___ were moon - beams,

       Bm   A   G   D
I have run into a couple of walls.

Chorus 1
           Bm   A
But in lookin' back at the places I've been,

         Em   F#m   G
The changes that I've left behind,

         Em   D/F# G
I just look at myself to find

   A   Bm   A
  I've learned the hard way ev'ry time.

Verse 2
            D   Bm   F#m   G
'Cause I've had my share ___ of good ___ inten - tions

       Bm   A   G   D
And I've made my share of mistakes.

                 Bm   F#m   G
And I've learned at times ___ it's best to bend,

          Bm   A   G D
'Cause if you don't, well, those are the breaks.

GUITAR CHORD SONGBOOK

Chorus 2

       Bm   **A**
Should have listened to all the things I was told

          Em   **F#m**   **G**
But I was young ____ and too proud at the time.

     Em   **D/F#** **G**
Now I look at myself to find

D/A   **Bm**   **A**
 I learn the hard way ev'ry time.

Interlude |D Bm |F#m G |Bm A |G D |

Chorus 3

     Bm   **A**
But in lookin' back at the lessons I've learned

     Em   **F#m**   **G**
And the mountains I wanted to climb,

     Em   **D/F#** **G**
I just look at myself to find

A   **Bm**   **A**
 I've learned the hard way ev'ry time.

Verse 3

     D   **Bm** **F#m**   **G**
'Cause I've had my share ____ of bro - ken dreams

   Bm   **A**   **G** **D**
And more than a couple of falls.

      Bm **F#m**   **G**
And in chasin' what ____ I thought were moon - beams,

   Bm   **A**   **G** **D**
I have run into a couple of walls.

Chorus 4

   Bm   **A**
But in lookin' back at the faces I've been,

    Em   **F#m**   **G**
I would sure ____ be the first one to say,

    Em   **D/F#** **G**
When I look at myself today,

D/A   **Bm**   **A**
 Would'na done it any other way.

Outro |D Bm7 |Em A |D Bm7 |Em A |D ‖

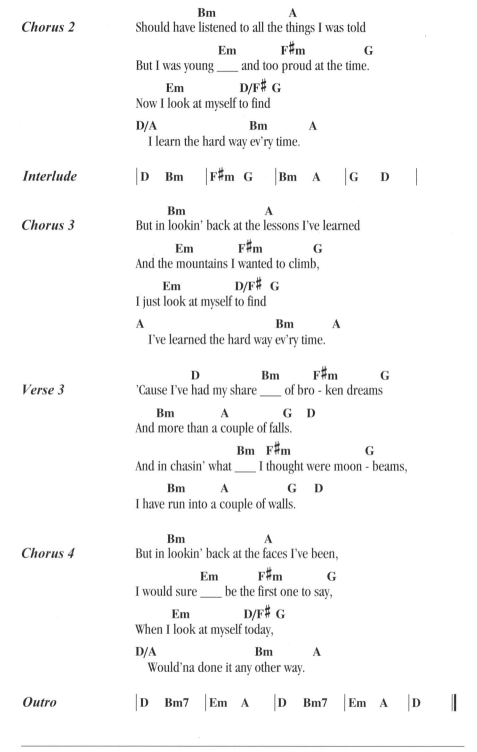

Hey Tomorrow

Words and Music by
Jim Croce and Ingrid Croce

Melody:

Hey, to-mor - row,   where are you go - in'?

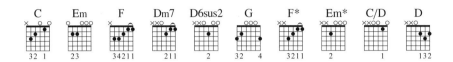

C	Em	F	Dm7	D6sus2	G	F*	Em*	C/D	D
32 1	23	34211	211	2	32 4	3211	2	1	132

Intro |C Em |F Em |F Em |Dm7 D6sus2 Dm7 G |

Verse 1
    C   Em   F   Em
Hey, tomor - row,   where are you go - in'?

  F   Em   F*   Em* C G
Do ya have ___ some room ___ for me?

  C   Em F   Em
'Cause the night is fall - in'   and the dawn is call - in'.

  F   Em   F*   Em* C/D C
I'll have a new ___ day if she'll ___ have me.

Verse 2
  C   Em   F   Em
Hey, tomor - row,   I can't show you noth - in'.

  F   Em F   G
You've seen it all ___ pass by your door.

  C   Em   F   Em
So many times ___ I   said I been chang - in',

     F   Em   F* Em* C/D C
Then slipped into pat - terns of what's hap - pened be - fore.

Bridge 1

F   Em   F   Em
'Cause I've been wast - ed and I've ___ overtast - ed

F   Em   F   G
All the things ___ that life gave to me.

F   Em   F   Em
And I've been trust - ed, abused ___ and bust - ed.

D   G   F
And I've been taken by those ___ close to me.

Verse 3

C   Em F   Em
Hey, tomor - row,   you've gotta believe ___ that

F   Em   F   G
I'm through ___ wastin' what's left of me.

C   Em F   Em
'Cause night is fall - in' and the dawn is call - in'.

F   Em   F* Em* C/D C
I'll have a new ___ day if she'll ___ have me.

Bridge 2   *Repeat Bridge 1*

Verse 4

C   Em F   Em
Hey, tomor - row,   where are you go - in'?

F   Em   F* Em* C G
Do ya have ___ some room ___ for me?

C   Em F   Em
'Cause night is fall - in' and the dawn is call - in'.

F   Em   F* Em* C/D C
I'll have a new ___ day if she'll ___ have me.

F   Em   F* Em* C/D C
I'll have a new ___ day if she'll ___ have me.

I Got a Name

Words by Norman Gimbel
Music by Charles Fox

Melody:

Like the pine trees lin-ing the wind-ing road, ___

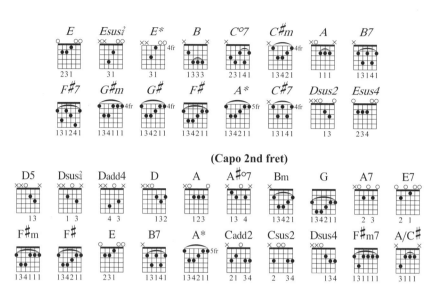

(Capo 2nd fret)

Intro

	E	Esus⁴₂	E*	Esus⁴₂	E	Esus⁴₂	E*	Esus⁴₂
*	D5	Dsus⁴₂	Dadd4	Dsus⁴₂	D	Dsus⁴₂	Dadd4	Dsus⁴₂

Verse 1

```
        E                B         C°7        C#m
        D                A         A#°7       Bm
        Like the pine trees lining the winding road,
              A   B            E
              G   A            D
        I've got a name, ____   I've got a name.
                  B7        C°7       C#m
                  A7        A#°7      Bm
        Like the singing bird ____ and the croaking toad,
            F#7               B7
            E7                A7
        I've got a name, ____ I've got a name.
```

Pre-Chorus 1

```
G#m                   A            E
F#m                   G            D
And I carry it with ___ me like my daddy did,
G#                      C#m  F#        B7
F#                      Bm   E         A7
But I'm living the dream ___      that he kept hid.
```

Chorus 1

```
G#m                  A*
F#m                  G
Movin' me down the high - way,
G#m              C#7
F#m              B7
Rollin' me down the high - way,
A            B
G            A*
Movin' ahead so life
              Dsus2
              Cadd2  Csus2  Cadd2  Csus2
Won't pass me by.
```

Verse 2

```
E               B7              C#m
D               A7              Bm
  Like a north wind whistling down the sky,
         A  B           E  Esus4
         G  A           D  Dsus4
I've got a song, ___    I've got a song.
E               B7              C#m
D               A7              Bm
  Like the whippoorwill ___ and the baby's cry,
         F#             B7
         E              A7
I've got a song, ___ I've got a song.
```

Pre-Chorus 2

G#m   A   E
F#m   G   D
And I carry it with ___ me and I sing it loud,

G#   C#m   F#   B7
F#   Bm   E   A7
If it gets me no - where,   I'll go there proud.

Chorus 2

G#m   A *
F#m   G
Movin' me down the high - way,

G#m   C#7
F#m7   B7
Rollin' me down the high - way,

A   B   Dsus2
G   A *   Cadd2 Csus2
Movin' ahead so life ___ won't pass me by.

Guitar Solo

E   B   C#m   A B   E
|D A/C# |Bm |G A |D |

     B   C#m   F#   B7
| A/C# |Bm |E |A7 |

Bridge

E
D
And I'm gonna go there free.

Verse 3

  E   *B7*   *C#m*
  D   A7   Bm
  Like the fool I am and I'll always be,

      A *B*   *E*
      G A   D
  I've got a dream, ___ I've got a dream.

         B7   *C#m*
         A7   Bm
  They can change their minds ___ but they can't change me,

     F#7   *B7*
     E7   A7
  I've got a dream, ___ I've got a dream.

Pre-Chorus 3

  G#m   *A**   *E*
  F#m   G   D
  I know I could share it if you want me to,

  G#   *C#m* *F#*   *B7*
  F#   Bm E   A7
  If you're goin' my ___ way, I'll go with you.

Chorus 3   *Repeat Chorus 2*

Chorus 4

  G#m   *A**
  F#m   G
  Movin' me down the high - way,

  G#m   *C#7*
  F#m   B7
  Rollin' me down the high - way,

  A   *B*
  G   A*
  Movin' ahead so life

     Dsus2   *E*
     Cadd2 Csus2 Cadd2 Csus2 D
  Won't pass me by.

I'll Have to Say I Love You in a Song

Words and Music by
Jim Croce

Melody:

Well, I know it's kind of late, ___

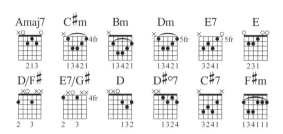

Amaj7 C#m Bm Dm E7 E

D/F# E7/G# D D#°7 C#7 F#m

Intro ‖: Amaj7 | C#m | Bm | Dm E7 :‖

Verse 1
       Amaj7   C#m
Well, I know it's kind of late,

Bm   E
  I hope I didn't wake ___ ya.

D/F# E7/G# Amaj7   C#m
  But what I gotta say can't wait.

Bm   E D/F# E7/G#
  I know you'd understand.

Chorus 1
       D   D#°7
  'Cause ev'ry time I tried to tell you

    C#7   F#m D
The words just came out wrong.

      Amaj7   E   D Amaj7 E
So I'll have to say I love ___ ya in a song.

GUITAR CHORD SONGBOOK

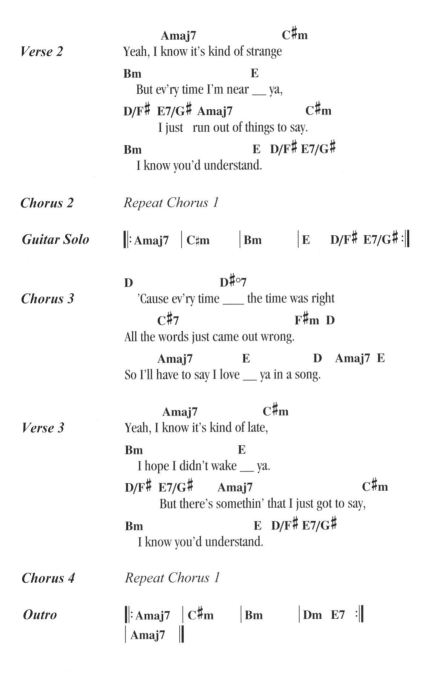

Verse 2

Amaj7   C#m
Yeah, I know it's kind of strange

Bm   E
But ev'ry time I'm near __ ya,

D/F#   E7/G#   Amaj7   C#m
I just   run out of things to say.

Bm   E   D/F# E7/G#
I know you'd understand.

Chorus 2   *Repeat Chorus 1*

Guitar Solo   ‖: Amaj7 │ C#m   │ Bm   │ E   D/F#   E7/G# :‖

Chorus 3

D   D#°7
'Cause ev'ry time ____ the time was right

    C#7   F#m D
All the words just came out wrong.

    Amaj7   E   D   Amaj7   E
So I'll have to say I love __ ya in a song.

Verse 3

    Amaj7   C#m
Yeah, I know it's kind of late,

Bm   E
I hope I didn't wake __ ya.

D/F# E7/G#   Amaj7   C#m
But there's somethin' that I just got to say,

Bm   E   D/F# E7/G#
I know you'd understand.

Chorus 4   *Repeat Chorus 1*

Outro   ‖: Amaj7 │ C#m   │ Bm   │ Dm E7 :‖
             │ Amaj7 ‖

King's Song

Words and Music by
Jim Croce

Melody:

He strug-gled so hard to be king,

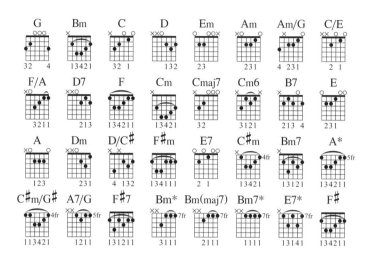

Intro

| G Bm C D | G Bm C D |

Verse 1

G   Bm   Em
He struggled so hard ____ to be king,

Am Am/G   D
   Working night ____ and day,

G   Bm   Em
Dreaming of on - ly one thing,

Am   D
 Never a hol - iday.

Chorus 1

C   C/E   G
Somewhere a - long the way

C   C/E   F/A   D7
He forgot ____ she was on - ly a girl.

G   Bm
Now his kingdom has fall - en

C   Am   F D
And it's really quite a tragic tale

G   Bm   Em
'Cause he built a cas - tle to harbor his queen,

C   G   D
But the queen claimed he built ____ her a jail.

Verse 2

G   Bm   Em
He struggled so hard ____ to be king,

Am Am/G   D
He wanted ev - 'rything.

G   Bm   Em
He built her a house ____ by the sea

Am Am/G   D
Just to keep ____ her in.

Chorus 2

C   Cm   G
Somewhere along ____ the way,

Cmaj7   Cm6   F   D
He forgot ____ that she needed a friend,

G   Bm
Now his kingdom has fallen

C   Am   F D
And it's really quite a tragic tale.

G   Bm   Em
'Cause he built a cas - tle to harbor his queen,

C   G   D   B7 E
And the queen claimed he built ____ her a jail.

Bridge
          A   D   Dm

It happened so quickly before ___ he could know

        A   D   A

She was gone, far gone.

D   D/C#   A

Far from the cas - tle, the diamonds and things

      F#m   G E7

She had worn to the ball.

      D   D/C#   A

And there was a note ___ that she carefully wrote

   F#m   G E7

And signed it, "Best wishes to all.

      A   C#m   F#m

Oh, you struggled so hard ___ to be king,

Bm7   E7

 Working night ___ and day,

A   C#m   F#m Bm7   E7

Dreaming of on - ly one thing, ___   never a hol - iday.

D   Dm   A

Somewhere a - long the way,

D   G   E7   A

 You forgot that I needed a man."

Outro
       A*   C#m/G#   A7/G   F#7

When they found him they took him back where he belonged,

   Bm*   Bm(maj7) Bm7* E7*

And his fam'ly and friends ___ saw him annually,

   A*   C#m/G#   A7/G   F#

And they say it's a shame what's become ___ of the king.

Lover's Cross

Words and Music by
Jim Croce

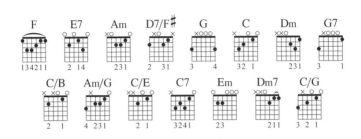

F   E7   Am   D7/F♯   G   C   Dm   G7

C/B   Am/G   C/E   C7   Em   Dm7   C/G

Intro
|F   E7 |Am   D7/F♯ |G   F |G |

Verse 1

   C   Am   Dm   G7
Guess that it was bound ___ to hap - pen,

   C   Am   Dm
Was just a matter of time,

   G7   C   Am   Dm
But now I've come to my deci - sion

   G7   C   C/B   Am
And it's a one of the painful kind.

   Am/G   F   G   Am   Am/G
Now it seems that you wanted a mar - tyr,

         F   C/E   Dm   G7
Just a regular guy___ wouldn't do.

Chorus 1

                C   C/B   Am   Dm
'Cause baby, I can't ___ hang ___ upon

         G7   C   G7
No lover's ___ cross for you.

Verse 2

        C   Am   Dm   G7
You really gotta hand ___ it to ___ ya,

C   Am   Dm   G7
  'Cause girl, ___ you really tried.

        C   Am   Dm   G7
But for ev'ry time that we ___ spent laugh - in',

            C   C/B   Am Am/G
There were two times that I cried.

               F   G   Am Am/G
And you were tryin' to make me your mar - tyr,

               F   C/E   Dm   G7
And that's the one thing I just ___ couldn't do.

Chorus 2

               C   C/B   Am   Dm
'Cause, baby, I can't ___ hang ___ upon

           G7   C
No lover's ___ cross for you.

Bridge 1

C7   F   G   Am Em
  'Cause tables are meant for turn - in'

   F   C   Dm   G7
And people are bound to change,

   F   G   Am   Em
And bridges are meant for burn - in'

         F   C
When the people and mem'ries

 Dm7   G7 Dm7 G7
They join aren't the same.

Verse 3

        C   Am   Dm   G7
Still, I'll hope that you can find ___ an - other

        C   Am   Dm   G7
Who can take what I could not.

C   Am Dm   G7
  He'll have to be a su - per guy

     C   C/B   Am Am/G
Or maybe a super god.

       F   G   Am   Am/G
'Cause I never was much ___ of a mar - tyr before

           F   C/E   Dm   G7
And I ain't ___ 'bout to start ___ nothin' new.

Chorus 3

                    C   C/B   Am   Dm
And, baby, I can't ___ hang ___ upon

                    G7   C
No lover's ___ cross for you.

Bridge 2

C7   F   G   Am   Em
'Cause tables are meant for turn - in'

        F   C   Dm   G7
And people are bound ___ to change,

        F   G   Am   Em
And bridges are meant for burn - in'

        F   C
When the people and mem'ries

    Dm7   G7 Dm7 G7
They join aren't the same.

Verse 4

            C   Am   Dm   G7
But, I'll hope that you can find ___ an - other

        C   Am   Dm   G7
Who can take what I could not.

C   Am   Dm   G7
  He'll have to be a su - per guy

    C   C/B C/G Am   Am/G
Or maybe a super god.

        F   G   Am   Am/G
'Cause I never was much ___ of a mar - tyr before

    F   C/E   Dm   G7
And I ain't 'bout to start ___ nothin' new.

Chorus 4

            C   C/B   Am   Dm
And, baby, I can't ___ hang ___ upon

            G7   C   E7 Am D7/F♯ G F G7 C
No lover's ___ cross for you.

A Long Time Ago

Words and Music by
Jim Croce

Melody:

Seems like   such a long time ___   a - go, ___

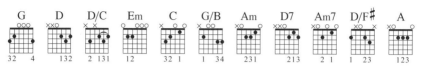

G   D   D/C   Em   C   G/B   Am   D7   Am7   D/F#   A

Intro |G   D D/C |Em   D |C G/B |D C G |

Verse 1
           G   D D/C   Em D
           Seems like such a long time ago,
           C   G/B   D   C G
           I was walkin' on a lone - ly road
                      D   D/C Em   D
           Gettin' tired of dream - in' a - lone,
           C   G/B   D C G
           Like all the lonely people I   had known.

Verse 2
           G   D D/C   Em D
           Seems like such a long time ago,
           C   G/B   D   C G
           There was no one who would share my song.
                      D   D/C   Em   D
           I was just a boy far ___ from home,
           C   G/B   D C   G
           But I be - came a man when you came a - long.

Verse 3
           C   G/B   Am G   Em
           We spent the whole night talking,
             D   C   Em   D7 G
           You said you'd like to see the sun - rise,
           C G/B Am G   Em
           But in the gold of morn - ing
                      D   C   Em   D7 G
           Was nothing that I had not seen in your eyes.
                 Em D
           Hmm.

Verse 4

   C   G/B
I was so a - fraid to touch you,

Am7   G
Thought you were too young to know,

   C   G/B   Am Em D
So I just watched you sleepin'

C   G/B
Then you woke and said to me,

    Am7   G
"The night is cold it frightens me

    C   G   Am Em D Am Em D
And I could sleep so easy next to you."

Verse 5

    G   D/F♯   Em   D
It wasn't very long ago,

C   G/B   D   C G
  You said that you would like to share my road.

           D/F♯   Em
Then you started singin' my song.

D   C   G/B
  You said, "So many nights are waitin',

Am7   G   C
Let's not spend a moment wastin' time

          G/B   Am Em D
'Cause we have very far to go.

Verse 6

   C   G/B
I will go if you will take me,

Am7   G
I have never had a lover,

C   G/B   Am Em D Am Em D
I am young but I am so a - lone."

C   G/B   Am G   Em   D C Em D7 G
  We spent the whole night talkin'

C   G/B Am G   Em
  But in the gold of morn - ing.

|Em D C Em |D7   G |Em A |D7 G ‖
                        Hmm.

New York's Not My Home

Words and Music by
Jim Croce

Melody:

Things were spin - nin' 'round __ me,

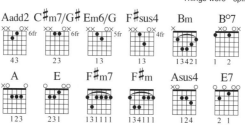

Aadd2 C#m7/G# Em6/G F#sus4 Bm B°7

A E F#m7 F#m Asus4 E7

Intro

| Aadd2 | C#m7/G# | Em6/G | F#sus4 |
| Bm | B°7 | A | N.C.(E) |

Verse 1

> Aadd2   C#m7/G#
> Things were spinnin' 'round me,
>
> Em6/G   F#sus4
> And all my thoughts were cloudy,
>
> Bm   B°7   A   N.C.(E)
> And I had be - gun to doubt all the things ___ that were me.
>
> A   C#m7/G#
> Been in so many places,
>
> Em6/G   F#sus4
> You know I've run so many races,
>
> Bm   B°7   A
> And looked into the empty faces of the people of the night,
>
>   F#m7
> And something is just not right.

Chorus 1

> A   F#m
> 'Cause I know that I gotta get out here.
>
> A   F#m
> I'm so a - lone.
>
> A   F#m
> Don't you know that I gotta get outta here,
>
>   D   N.C.   A Asus4 A E7 A Asus4 A E7
> 'Cause New York's not my home.

Verse 2

Aadd2   C♯m7/G♯
Though all the streets are crowded,

Em6/G   F♯sus4
There's something strange about it.

Bm   B°7   A   N.C.(E)
I lived there 'bout a year and I never once felt at home.

Aadd2   C♯m7/G♯
I thought I'd make the big time,

Em6/G   F♯sus4
I learned a lot of lessons awful quick

        Bm   B°7
And now I'm tellin' you that they were not the nice kind,

A   F♯m
And it's been so long since I have felt fine.

Chorus 2

A   F♯m
That's the reason that I gotta get outta here.

A   F♯m
I'm so a - lone.

A   F♯m
Don't you know that I gotta get outta here,

      D   N.C.   A Asus4 A E7 A Asus4 A E7
'Cause New York's not my home.

Interlude

‖: Aadd2 | C♯m7/G♯ | Em6/G | F♯sus4 |
| Bm | B°7 | A | N.C.(E) :‖

Chorus 3

A   F♯m
That's the reason that I gotta get outta here.

A   F♯m
I'm so a - lone.

A   F♯m
Don't you know that I gotta get outta here,

      D   N.C.
'Cause New York's not my home.

Outro

Repeat Interlude and fade

Next Time, This Time

Words and Music by
Jim Croce

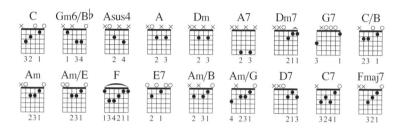

Intro

| C   Gm6/B♭ | Asus4 A Dm A7 | Dm7   G7 | |
| C C/B Am Am/E | F | | G7 | |

Verse 1

C   Gm6/B♭   Asus4 A
If you get to feelin' all a - lone

Dm A7 Dm7   G7
When your goodtime friends

            C   C/B   Am Am/E
Have all ____ got up and gone,

F   E7   Am Am/B Am
  Don't come knockin' a - round my door

Am/G D7   F   G7
Because ____ I've heard your lines be - fore.

Chorus 1

   C   F
And there ain't gonna be a next time, this time,

C   G7
  'Cause, woman, startin' right now,

       C   C7   F
I'm gonna   forget your name and your pretty face, girl,

D7   F   G7
  And write you off as a bad mis - take.

              C   Fmaj7
You know that ___ some women they are lov - ers

C   G7
  And some just got no sense,

      C   C7   F
But a woman like you oughta be ashamed

      C   G7   F   C
Of the things that you do to men.

Verse 2

      C   Gm6/B♭   Asus4 A
And if you get to feelin' all a - lone

Dm A7 Dm7   G7
When you find that you

            C   C/B   Am Am/E
Can't make ___ it on your own,

F   E7   Am Am/B Am
  Don't come knockin' a - round my door.

Am/G D7   F   G7
You see, ___ I've seen your act before.

Chorus 2   *Repeat Chorus 1*

Interlude   *Repeat Intro*

C   Gm/B♭   Asus4 A
And if you get to feelin' you were wrong,

Dm A7 Dm7 G7
Don't go wastin' your

     C C/B   Am Am/E
Good mon - ey in the phone

F   E7
 'Cause I can hang up

   Am Am/B Am Am/G D7
As fast as you _____ can call.

F   G7
 And that ain't all.

C   F
 And there ain't gonna be a next time, this time,

C   G7
 'Cause woman, startin' right now,

     C   C7   F
I'm gonna forget your name and your pretty face, girl,

D7   F   G7
 And write you off as a com - plete dis - grace.

       C   Fmaj7
You know that some women they are li - ars

C   G7
 And some just got no sense,

   C   C7   F
But a woman like you oughta be ashamed

   C   G7   F
Of the things that you do to men.

C   C7   F
 Yeah, a woman like you oughta be ashamed

   C   G7 F C
Of the things that you do to men.

One Less Set of Footsteps

Words and Music by
Jim Croce

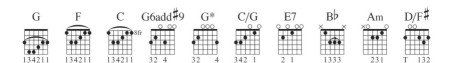

Intro
| G | F | C | G6add#9 G* |

Verse 1

    C/G   F   G*
We've been runnin' a - way from

    C/G   F   G*
Somethin' we both know.

    C/G   E7   F   C/G
We've long run out of things to say

         F   C/G   B♭ G*
And I think I better go.

    C/G   F
So don't be gettin' ex - cited

    G*   C/G   E7   Am
Oh, when you hear that slam - min' door,

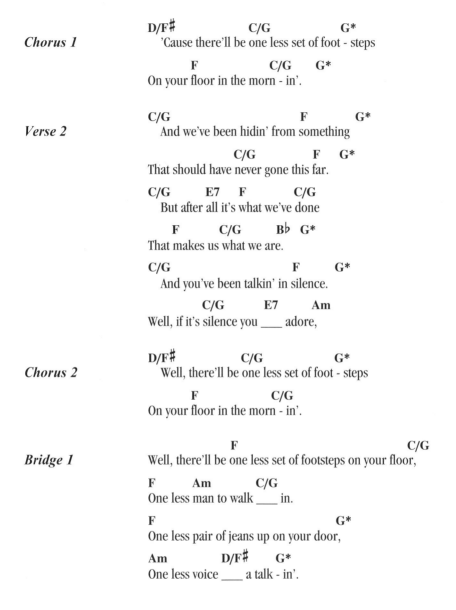

Chorus 1

D/F♯   C/G   G*
 'Cause there'll be one less set of foot - steps

    F   C/G G*
On your floor in the morn - in'.

Verse 2

C/G   F   G*
 And we've been hidin' from something

     C/G   F G*
That should have never gone this far.

C/G   E7 F   C/G
 But after all it's what we've done

   F   C/G   B♭ G*
That makes us what we are.

C/G   F   G*
 And you've been talkin' in silence.

     C/G   E7   Am
Well, if it's silence you ____ adore,

Chorus 2

D/F♯   C/G   G*
 Well, there'll be one less set of foot - steps

    F   C/G
On your floor in the morn - in'.

Bridge 1

         F   C/G
Well, there'll be one less set of footsteps on your floor,

F Am   C/G
One less man to walk ____ in.

F   G*
One less pair of jeans up on your door,

Am   D/F♯ G*
One less voice ____ a talk - in'.

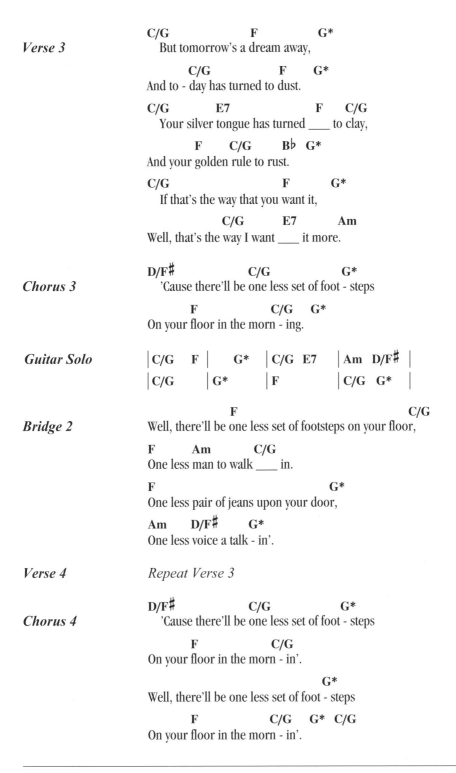

Verse 3

C/G   F   G*
But tomorrow's a dream away,

      C/G   F   G*
And to - day has turned to dust.

C/G   E7   F   C/G
Your silver tongue has turned ___ to clay,

    F   C/G   B♭   G*
And your golden rule to rust.

C/G   F   G*
If that's the way that you want it,

      C/G   E7   Am
Well, that's the way I want ___ it more.

Chorus 3

D/F♯   C/G   G*
'Cause there'll be one less set of foot - steps

    F   C/G   G*
On your floor in the morn - ing.

Guitar Solo

| C/G F | G* | C/G E7 | Am D/F♯ |
| C/G | G* | F | C/G G* |

Bridge 2

            F   C/G
Well, there'll be one less set of footsteps on your floor,

F   Am   C/G
One less man to walk ___ in.

F   G*
One less pair of jeans upon your door,

Am   D/F♯   G*
One less voice a talk - in'.

Verse 4

Repeat Verse 3

Chorus 4

D/F♯   C/G   G*
'Cause there'll be one less set of foot - steps

    F   C/G
On your floor in the morn - in'.

            G*
Well, there'll be one less set of foot - steps

    F   C/G   G* C/G
On your floor in the morn - in'.

Operator
(That's Not the Way It Feels)

Words and Music by
Jim Croce

Melody:

Op - e - ra - tor,   oh, could you

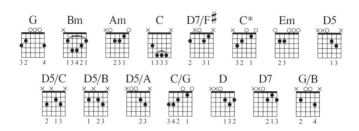

Intro   ‖: G | Bm | Am | C Bm Am D7/F# :‖

Verse 1

G   Bm   C Bm   Am   G   C* G
Opera-tor, oh, could you help me place ___ this ___ call?

Am   D7/F#
You see the number on the matchbook

            Em D5 D5/C D5/B D5/A
Is old and fad - ed.

G
She's living in L.A.,

Bm   C   Bm Am   G   C* G
With my best ___ old ___ ex - friend, ___ Ray;

Am   D7/F#
A guy she said she knew well

            Em D5 D5/C D5/B D5/A
And sometimes hat - ed.

Chorus 1

G   C/G   G
But isn't that the way ____ they say it goes?

            C*   D
But let's for-get all that.

      G   Am
And give me the number, if you can find it.

     C* D Em   Bm   D
So I   can call just to tell them I'm fine

       Am   D7
And to show   I've overcome the blow.

C*   G/B
I've learned to take it well,   I only wish my words

Am   C*   D
Could just convince myself ____ that it just wasn't real.

      C*
But that's not the way it feels.

Interlude 1 | G | Bm | Am | C Bm Am D7/F♯ |

Verse 2

G   Bm   C Bm   Am   G   C* G
Opera-tor, oh, could you help me place ____ this ____ call?

Am   D7/F♯
'Cause I can't read the number

                    Em   D5 D5/C D5/B D5/A
That you just gave ____ me.

G   Bm
There's something in my eyes,

               C Bm   Am G C* G
You know it hap-pens ev' - ry time;

Am   D7
I think about the love ____

                    Em   D5 D5/C D5/B D5/A
That I thought would save ____ me.

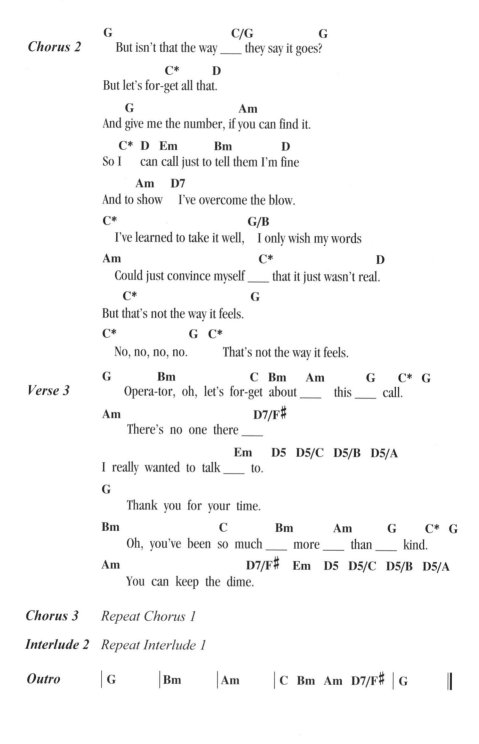

Chorus 2

    G   C/G   G

But isn't that the way ___ they say it goes?

                   C*   D

But let's for-get all that.

       G   Am

And give me the number, if you can find it.

      C* D Em   Bm   D

So I   can call just to tell them I'm fine

         Am   D7

And to show   I've overcome the blow.

 C*   G/B

I've learned to take it well,   I only wish my words

Am   C*   D

Could just convince myself ___ that it just wasn't real.

    C*   G

But that's not the way it feels.

 C*   G C*

No, no, no, no.   That's not the way it feels.

Verse 3

G   Bm   C Bm Am   G   C* G

Opera-tor, oh, let's for-get about ___ this ___ call.

Am   D7/F♯

There's no one there ___

                       Em   D5 D5/C D5/B D5/A

I really wanted to talk ___ to.

G

Thank you for your time.

Bm   C   Bm   Am   G   C* G

Oh, you've been so much ___ more ___ than ___ kind.

Am   D7/F♯ Em D5 D5/C D5/B D5/A

You can keep the dime.

Chorus 3   *Repeat Chorus 1*

Interlude 2 *Repeat Interlude 1*

Outro | G | Bm | Am | C Bm Am D7/F♯ | G   ‖

Roller Derby Queen

Words and Music by
Jim Croce

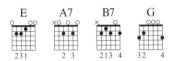

Gon-na tell you a sto-ry that you won't _

E   A7   B7   G

Intro |E | | | |

Verse 1

      E
Gonna tell you a story that you won't believe,

    A7
But I fell in love last Friday ev'nin'

    B7   A7   E
With a girl I saw on a bar - room TV screen.

B7   E
    Well I was just gettin' ready to get my hat,

      A7
When she caught my eye, and I put it back;

    B7   A7   E
And I ordered myself cou - ple 'o more shots and beers.

Chorus 1

              G   A7   E
The night that I fell in love with a Roll - er Derby Queen.

Around 'n' 'round, around 'n' 'round.

    G   A7   B7
The meanest hunk o' woman that an - ybody ever seen

Down in the arena.

Verse 2

             E
She was five-foot-six, two-fifteen,

     A7
A bleach blonde bomber with a streak of mean;

     B7   **A7**   **E**
She knew how to knuckle and she knew how to scuffle and fight.

     B7   **E**
  And the Roll - er Derby program said that she were

     A7
Built like a 'frigerator with a head;

     B7   **A7**   **E**
The fans called her "Tuffy," but all her buddies called her "Spike."

Chorus 2

               G   **A7**   **E**
You know that I fell in love with a Roll - er Derby Queen.

Around 'n' 'round, around 'n' 'round.

     G   **A7**   **B7**
The meanest hunk o' woman that an - ybody ever seen

Down in the arena.

Guitar Solo | **E** | |
                     ('Round 'n' 'round, a - round 'n' 'round.

| **A7** | |
      'Round 'n' 'round, a - round 'n' 'round.

| **B7** | **A7** |
| **E** |
      'Round 'n' 'round.)

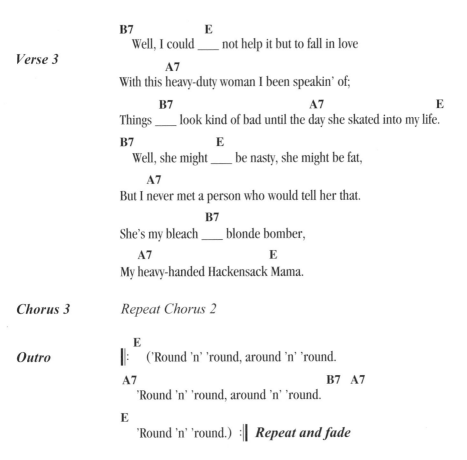

Verse 3

> **B7**   **E**
> Well, I could ___ not help it but to fall in love
>
>   **A7**
> With this heavy-duty woman I been speakin' of;
>
>   **B7**   **A7**   **E**
> Things ___ look kind of bad until the day she skated into my life.
>
> **B7**   **E**
> Well, she might ___ be nasty, she might be fat,
>
>   **A7**
> But I never met a person who would tell her that.
>
>   **B7**
> She's my bleach ___ blonde bomber,
>
>   **A7**   **E**
> My heavy-handed Hackensack Mama.

Chorus 3   *Repeat Chorus 2*

Outro

>   **E**
> ‖: ('Round 'n' 'round, around 'n' 'round.
>
> **A7**   **B7** **A7**
> 'Round 'n' 'round, around 'n' 'round.
>
> **E**
> 'Round 'n' 'round.) :‖ *Repeat and fade*

Photographs and Memories

Words and Music by
Jim Croce

Melody:

Pho-to - graphs _ and   mem-o - ries, _

Gmaj7   Cmaj7   Am   Bm7   Em   Am7   D7sus2   D7   F#m7   F#m

Intro

| Gmaj7 | Cmaj7 | Gmaj7 | Cmaj7 |

Verse 1

Gmaj7   Cmaj7
Photographs and memories,

Gmaj7   Cmaj7
Christmas cards you sent to me.

Am   Bm7   Em
All that I have are these

       Am7   D7sus2 D7
To re - member you.

Verse 2

Gmaj7   Cmaj7
Memories that come at night

Gmaj7   Cmaj7
Take me to an - other time,

Am   Bm7   Em
Back to a happier day

       Am   D7sus2 D7
When I called you mine.

Chorus 1

       Gmaj7   **Cmaj7**
But we sure had a good ____ time

          Gmaj7   **Cmaj7**
When we started way back when.

Gmaj7   **Cmaj7**
Morning walks and bed - room talks,

       Bm7   **F♯m7**   **D7sus2 D7**
Oh, how ____ I loved you then.

Verse 3

Gmaj7   **Cmaj7**
    Summer skies and lullabies,

Gmaj7   **Cmaj7**
    Nights we couldn't say goodbye.

     Am   **Bm7**   **Em**
And of all of the things that we knew,

     Am7   **D7sus2 D7**
Not a dream survived.

Guitar Solo

| Gmaj7 | Cmaj7 | Gmaj7 | Cmaj7 | |
| Am Bm7 | Em | Am7 | D7sus2 D7 | |

Interlude

| Gmaj7 | Cmaj7 | Gmaj7 | Cmaj7 | |

Verse 4

Gmaj7   **Cmaj7**
    Photographs and memories,

Gmaj7   **Cmaj7**
    All the love you gave to me,

Am   **Bm7**   **Em**
Somehow it just can't be true.

         Am7   **D7sus2 D7**
That's all I have left of you.

Chorus 2

       Gmaj7   **Cmaj7**
But we sure had a good ____ time

          Gmaj7   **Cmaj7**
When we started way back when.

Gmaj7   **Cmaj7**
Morning walks and bed - room talks,

       Bm7   **F♯m**
Oh, how ____ I loved you then.

Railroads and Riverboats

Words and Music by
Jim Croce and Ingrid Croce

(Capo 2nd fret)

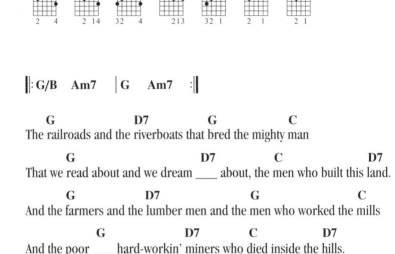

Intro

‖: G/B   Am7 | G   Am7 :‖

Verse 1

　　　　G　　　　　D7　　　　G　　　　　C
The railroads and the riverboats that bred the mighty man

　　　　G　　　　　　　　D7　　　　C　　　　　　D7
That we read about and we dream ___ about, the men who built this land.

　　　　G　　　　D7　　　　　　　G　　　　　　C
And the farmers and the lumber men and the men who worked the mills

　　　　　　G　　　　　D7　　　C　　　　　D7
And the poor ___ hard-workin' miners who died inside the hills.

Chorus 1

　　　　　　　　　　G　　　　　　　C　　C/B Am7*
While the rivers that flow are the blood of our land

　　　　　　　　　D7　　　　　　　　　　C　　G
And the trucks they keep rumblin' on the great concrete band

　　　　　　　　　　　　　　　　　　C　　C/B Am7*
And the railroads keep pushin' to be all they once were

　　　　　D7　　　　　　　　　C　　G　D7
And nature is callin', no one's list'nin' to her.

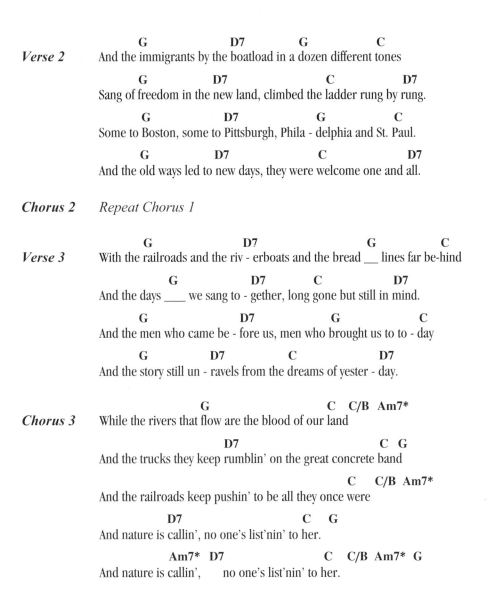

Verse 2

        G   D7   G   C
And the immigrants by the boatload in a dozen different tones

        G   D7   C   D7
Sang of freedom in the new land, climbed the ladder rung by rung.

        G   D7   G   C
Some to Boston, some to Pittsburgh, Phila - delphia and St. Paul.

        G   D7   C   D7
And the old ways led to new days, they were welcome one and all.

Chorus 2   *Repeat Chorus 1*

Verse 3

        G   D7   G   C
With the railroads and the riv - erboats and the bread __ lines far be-hind

        G   D7   C   D7
And the days ____ we sang to - gether, long gone but still in mind.

        G   D7   G   C
And the men who came be - fore us, men who brought us to to - day

        G   D7   C   D7
And the story still un - ravels from the dreams of yester - day.

Chorus 3

                    G   C   C/B Am7*
While the rivers that flow are the blood of our land

                D7   C G
And the trucks they keep rumblin' on the great concrete band

                            C   C/B Am7*
And the railroads keep pushin' to be all they once were

            D7   C G
And nature is callin', no one's list'nin' to her.

            Am7* D7   C   C/B Am7* G
And nature is callin',   no one's list'nin' to her.

Rapid Roy
(The Stock Car Boy)

Words and Music by
Jim Croce

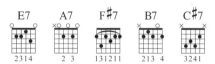

E7   A7   F#7   B7   C#7

2314   2 3   131211   213 4   3241

Intro | E7 | A7 | E7 | |

Verse 1

        E7   A7   E7
Oh, Rapid Roy, that stock car boy, he too much to believe

           A7   E7
You know he always got a extra pack of cigarettes

      F#7   B7
A rolled up in his T-shirt sleeve.

        E7
He got a tattoo on his arm a say, "Baby."

        A7   F#7
He got an - other one that just say, "Hey."

        E7   N.C.(C#7)
But ev'ry Sunday afternoon he is a dirt track demon

      F#7   B7   E7 B7
In a fifty-seven Chevrolet.

Verse 2

  E7   A7   E7
Oh, Rapid Roy, that stock car boy, he the best driver in the land.

   A7   E7
He say ___ that he learned to race a stock car

   F#7   B7
By runnin' 'shine outta Alabam'.

   E7
Oh, the Demolition Derby and the figure eight

  A7   F#7
Is easy money in the bank,

     E7   N.C.(C#7)
Compared to runnin' from the man in Oklahoma City

   F#7   B7   E7 B7
With a five hundred gallon tank.

Verse 3   *Repeat Verse 1*

Interlude | E7 | A7 | E7 | |

Verse 4

  E7   A7   E7
Yeah, Roy's so cool, that racin' fool, he don't know what fear's about.

   A7   E7
He do a hundred thirty mile an hour smilin' at the cam'ra

   F#7   B7
With a toothpick in his mouth.

   E7
He got a girl back home name of Dixie Dawn

    A7   F#7
But he got honeys all along the way.

   E7   N.C.(C#7)
And you oughta hear them screamin' for the dirt track demon

   F#7   B7   E7 B7
In a fifty-seven Chevrolet.

Verse 5   *Repeat Verse 1*

Outro-
Guitar Solo ||: E7 | A7 | E7 | |

         | A7 | | E7 | |

         | B7 | A7 | E7 | B7   :|| *Repeat and fade*

Recently

Words and Music by
Jim Croce

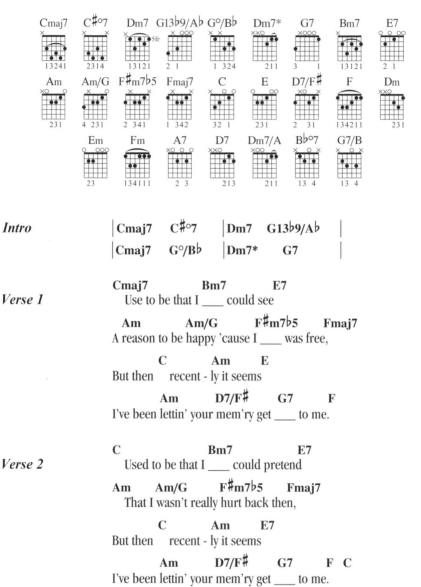

Intro

| Cmaj7   C#°7 | Dm7   G13b9/Ab | |
| Cmaj7   G°/Bb | Dm7*   G7 | |

Verse 1

Cmaj7   Bm7   E7
Use to be that I ____ could see

Am   Am/G   F#m7b5   Fmaj7
A reason to be happy 'cause I ____ was free,

         C   Am   E
But then   recent - ly it seems

        Am   D7/F#   G7   F
I've been lettin' your mem'ry get ____ to me.

Verse 2

C   Bm7   E7
Used to be that I ____ could pretend

Am Am/G   F#m7b5   Fmaj7
That I wasn't really hurt back then,

        C   Am   E7
But then   recent - ly it seems

        Am   D7/F#   G7   F C
I've been lettin' your mem'ry get ____ to me.

Bridge 1

Dm   Em   F
Mem'ries can be friends

   Fm   C
Or they can take ____ you to a place

    A7
That you never thought you'd be again,

    Dm
And take you to a place

    D7   G7   Dm7/A B♭°7 G7/B
That you never ever thought you would see again.

Guitar Solo   *Repeat Verse 2 (Instrumental)*

Bridge 2   *Repeat Bridge 1*

Verse 3

C   Bm7   E7
  Doesn't matter now who ____ was wrong.

   Am   Am/G   F♯m7♭5   Fmaj7
The future is to - morrow 'cause the past is gone,

        C   Am   E7   Am
And I'm ____ findin' that I'm not as strong

   F   Dm7*   E7 G7
As I thought that I used to be,

C   Am   E7
 'Cause recently ____ it seems

      Am   D7/F♯   G7   F
I've been lettin' your mem'ry get ____ to me.

Outro-
Guitar Solo   *Repeat Verse 1 (Instrumental) and fade*

Speedball Tucker

Words and Music by
Jim Croce

I drive a   broke-down _ rig __

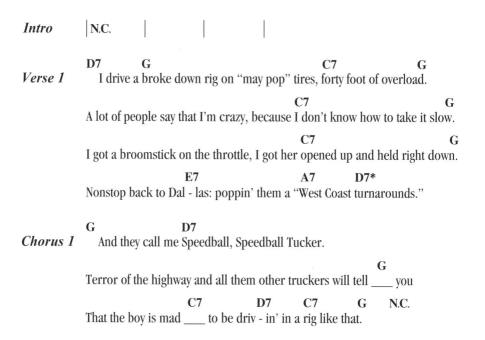

Intro | N.C. | | | |

Verse 1

        D7   G   C7   G
I drive a broke down rig on "may pop" tires, forty foot of overload.

                                       C7   G
A lot of people say that I'm crazy, because I don't know how to take it slow.

                                    C7   G
I got a broomstick on the throttle, I got her opened up and held right down.

                 E7   A7   D7*
Nonstop back to Dal - las: poppin' them a "West Coast turnarounds."

Chorus 1

   G   D7
And they call me Speedball, Speedball Tucker.

                                              G
Terror of the highway and all them other truckers will tell ____ you

                     C7   D7   C7   G   N.C.
That the boy is mad ____ to be driv - in' in a rig like that.

Verse 2

    D7   **G**
You know the rain may blow, the snow may snow,

       C7   **G**
And the turnpikes they may freeze.

                       C7   **G**
But they don't bother old Speedball, he goin' any damn where he please.

He got a broomstick on the throttle,

      C7   **G**
To keep his throttle foot a dancin' 'round;

          E7
With a cup full of cold black coffee

      A7   **D7**
And a pocket full of "West Coast turnarounds."

Chorus 2   *Repeat Chorus 1*

Verse 3

D7   **G**   **C7**   **G**
One day I looked into my rearview mirror, and comin' up from behind

                          C7   **G**
There was a Georgia State policeman, a, and a hundred dollar fine.

Well, he looked me in the eye as he was writin' me up,

      C7   **G**
He said,   "Driver, you've been fly - in'

                E7
And ninety-five is the route ____ you were on,

      A7   **D7***
It was not ____ the speed limit sign."

Chorus 3

    G   **D7**
‖:   Yeah, and they call me Speedball, Speedball Tucker.

                           G
Terror of the highway and all them other truckers will tell ____ you

           C7   **D7**   **C7**   **G**   **N.C.** **G***
That the boy is mad ____ to be driv - in' in a rig like that. :‖

Stone Walls

Words and Music by
Jim Croce

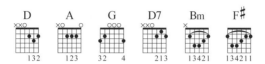

Intro   ‖: D | | | :‖

Verse 1

       D   A   D
It's been too many years ____ inside this prison,

G   D   A
Too many years just for one little fight.

D   D7   G
He got what was com - in' and I think I've served enough time,

D   A   G   D
I'm goin' home to - night.

Verse 2

       D   A   Bm   F#
That stone looks mighty cold and the guard that walks that wall

    G   D   A
Is just waitin' to get a con - vict in his sights.

    D   D7   G
But if I can clear the top, ____ you can bet I'll never stop,

D   A   G   D
'Cause I'm goin' home to - night.

Chorus 1

       G   **D**
Because stone walls do a prison make and iron bars a cage.

                                 A
Any man that says they don't never been inside.

       D   **D7**   **G**
'Cause in time the bars get closer, and at night the walls grow tighter,

       D   **A**   **G** **D**
'Til you feel like there's a shackle around your mind.

Verse 3

          D   **A**   **Bm**   **F♯**
Now those guards are on my tail, I can hear those sirens wail,

  G   **D**   **A**
But I know that I'll get away ___ and that I'll be alright.

       D   **D7**   **G**
'Cause I'd rather live on the run, ___ stand free in the mornin' sun,

       D   **A**   **G**   **D**
Than to spend another lonely prison night.

Chorus 2

       G   **D**
Because stone walls do a prison make and iron bars a cage.

                                 A
Any man that says they don't never been inside.

       D   **D7**   **G**
'Cause in time the bars get closer, and at night the walls grow tighter,

       D   **A**   **G** **A** **D**
'Til you feel like there's a shackle around your mind.

These Dreams

Words and Music by
Jim Croce

Melody:

Once __ we were lov - ers, __

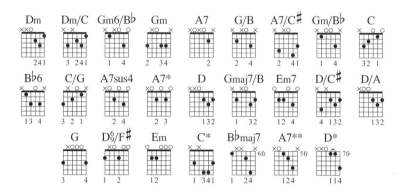

Intro

Dm Dm/C	Gm6/B♭ Gm	A7 G/B A7/C♯
Dm	Gm/B♭ Gm	Dm C B♭6 C/G
Dm C B♭6 Gm	A7sus4 A7*	

Verse 1

    Dm Dm/C   Gm/B♭ Gm
        Once we were lov - ers,

    A7   G/B A7/C♯   Dm
But somehow ____ things have changed.

Gm/B♭ Gm   Dm C B♭6   C/G
   Now we're just lone - ly peo - ple,

Dm   C   B♭6   Gm   A7sus4 A7*
Trying to for - get each other's names.

Gm/B♭ Gm   Dm C B♭6   C/G
   Now we're just lone - ly peo - ple,

Dm   C   B♭6   Gm   A7sus4 A7*
Trying to for - get each other's names.

Chorus 1

D Gmaj7/B   Em7   A7sus4 A7*
   What came be - tween us?

D   D/C♯   Gmaj7/B D/A
Maybe we were just ___ too young to know,

G   D§/F♯ Em7   A7sus4 A7*
  But now and then I   feel the same.

G/B A7/C♯   D
   And some - times at night

 D/C♯   Gmaj7/B   D/A
I think I hear you calling my name.

G   D§/F♯   Em
Mm, mm, mm, these dreams,

A7sus4   A7*   D
   They keep me go - ing these days.

| Em7 A7sus4 A7* | D | | Em7 A7sus4 A7* |

Verse 2

Dm Dm/C   Gm/B♭ Gm
   Once we were lov - ers,

 A7 G7/B   A7/C♯   Dm
But that was long ___ ago.

Gm/B♭ Gm   Dm   C   B♭6
  We lived to - geth - er then,

C/G Dm   C   B♭6 Gm A7sus4 A7*
  And now we do not even say   hello.

Gm/B♭ Gm   Dm   C   B♭6
  We lived to - geth - er then,

C/G Dm   C   B♭6 Gm A7sus4 A7*
  And now we do not even say   hello.

Chorus 2   *Repeat Chorus 1*

Interlude   *Repeat Intro*

Chorus 3   *Repeat Chorus 1*

Outro | Dm   C* | B♭maj7 A7** D* ‖

Time in a Bottle

Words and Music by
Jim Croce

Melody:

If I could save ___ time in a

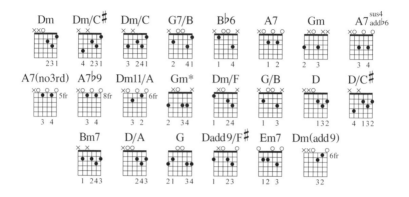

Intro
| Dm | Dm/C# | Dm/C | G7/B | |
| Bb6 | A7 Gm | A7 A7sus4add b6 A7(no3rd) |
| A7b9 Dm11/A A7(no3rd) |

Verse 1

    Dm   Dm/C#   Dm/C G7/B
If I could save ___ time in a bottle,

    Bb6   A7 Gm
The first thing that I'd like to do

| A7 A7sus4add b6 A7(no3rd) | A7b9 Dm11/A A7(no3rd) |

    Dm   Dm/C
Is to save ev'ry-day

    Bb6   Gm*   Dm/F
Till e-ternity pass - es away

    Gm*   A7 G/B A7(no3rd) A7
Just to spend them with you.

Verse 2

Dm   Dm/C♯   Dm/C G7/B
If I could make days last for-ever,

B♭6   A7 Gm
If words could make wish-es come

A7 A7$^{sus4}_{add♭6}$ A7(no3rd) A7♭9 Dm11/A A7(no3rd)
True;

Dm   Dm/C
I'd save ev'ry-day

B♭6   Gm*
Like a treasure and then,

Dm/F   Gm*   A7 G/B A7(no3rd) A7
A-gain I would spend them with you.

Chorus 1

D   D/C♯
But there never seems to be enough time

Bm7   D/A   G
To do the things you wanna do once you find them.

| Dadd9/F♯ | Em7 | A7 G/B A7(no3rd) |
D   D/C♯
I've looked around e-nough to know

Bm7   D/A   G
That you're the one I want to go through time with.

| Dadd9/F♯ | Em7 | A7 G/B A7(no3rd) |

| *Interlude* | *Repeat Intro* |

| | Dm   Dm/C#   Dm/C G7/B |
| *Verse 3* | If I had a box just for wishes, |

       B♭6   **A7 Gm**
And dreams that had never __ come

A7 A7$_{add♭6}^{sus4}$ A7(no3rd) A7♭9 Dm11/A A7(no3rd)
True;

      Dm   **Dm/C**
The box would be empty

      B♭6   **Gm***   **Dm/F**
Ex-cept for the mem'ry of how

          Gm*   **A7 G/B A7(no3rd) A7**
They were answered by you.

| *Chorus 2* | *Repeat Chorus 1* |

| *Outro* | ‖: Dm(add9) | :‖ *Play 3 times* |

Tomorrow's Gonna Be a Brighter Day

Words and Music by
Jim Croce

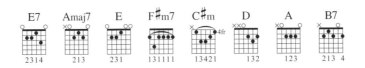

Well, I'm sor - ry for the things that I told you,

E7   Amaj7   E   F#m7   C#m   D   A   B7

2314   213   231   131111   13421   132   123   213 4

Intro   ‖: N.C. | :‖

Verse 1
     E7   Amaj7
Well, I'm sorry for the things that I told you,

   E7   Amaj7
But words only go so far;

    E   F#m7
And if I had my way I would reach into heaven

  C#m   D A
And I'd pull you down a star for a present

    E7   Amaj7
And I'd make you a chain out of diamonds,

  F#m7   D   A
And pearls from a summer sea.

    E   F#m7
But all I can give you is a kiss in the mornin'

    C#m   D A
And a sweet apol - ogy.

| E7 Amaj7 | E7 Amaj7 | |

Verse 2

E7   Amaj7
Well, I know that it hasn't been easy

E7   Amaj7
And I haven't always been around;

E   F#m7
To say the right words, or to hold you in the mornin',

C#m   D   A
Or to help you when ___ you're down.

E7   Amaj7
I know I never showed you much of a good ___ time,

F#m7   D   A
But, baby, things are gon - na change.

E   F#m7
I'm gonna make up for all of the hurt I brought,

C#m   D   A
I'm gonna love away all your pain.

Chorus 1

E   C#m   F#m7
And tomorrow's gonna be ___ a brighter day,

B7
There's gonna be some changes.

E   C#m   F#m7
To - morrow gonna be a brighter day,

B7
This time you can believe me.

E7   Amaj7
No more cryin' in your lonely room,

F#m7   D   A
And no more emp - ty nights;

E
'Cause to - morrow mornin'

F#m7   B7   E7   Amaj7   E7   Amaj7
Ev'rything 'll turn out right.

Verse 3

           E7   Amaj7
Well, there's something that I gotta tell ___ you,

      E7   Amaj7
Yes, I got something on my mind;

       E   F♯m7
But words come hard when you're lyin' in my arms,

           C♯m   D   A
And when I'm lookin' deep into ___ your eyes.

          E7   Amaj7
But there's truth and conso - lation

  F♯m7   D   A
In what I'm tryin' to say;

       E   F♯m7
Is that nobody ever had a rainbow, baby,

    C♯m   D   A
Until ___ he had ___ the rain.

Chorus 2

       E   C♯m   F♯m7
And tomorrow's gonna be ___ a brighter day,

         B7
There's gonna be some changes.

       E   C♯m   F♯m7
To - morrow gonna be a brighter day,

        B7
This time you can believe me.

E7   Amaj7
No more cryin' in your lonely room,

    F♯m7   D   A
And no more emp - ty nights;

          E
'Cause to - morrow mornin'

F♯m7   B7   E7
Ev'rything 'll turn out right.

   Amaj7   E7   Amaj7
Mm. ___ Ah, it gonna,   it gonna,   it gonna

Outro

  E7   Amaj7
‖: Be a brighter day.

      E7   Amaj7
It gonna,   it gonna,   it gonna :‖ *Repeat and fade*

Top Hat Bar and Grille

Words and Music by
Jim Croce

Melody:

Well, if you look - in' for a good time,

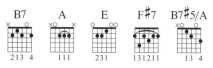

B7   A   E   F#7   B7#5/A

2 13 4   1 1 1   2 3 1   1 3 12 1 1   1 3   4

Intro |**B7** | |

Chorus 1
                  A
Well, if you lookin' for a good time,

Look hard as you want but you ain't gonna find
     E   **F#7**
The kinda good time you will come ev'ry Fri - day and Saturday ev'nin'
      B7   **E**
At the Top Hat Bar and Grille.

Verse 1
      B7   **E**
    Well, at the Top Hat Bar and Grille
           A   **E**
There is a waitress name of Lil,
                      B7   **A**   **E**
Well, she's a honky tonky, little bit chunky   divorcée.

She wear them tight hippy hugger slacks.
                  A   **E**
You can be - lieve me when I tell you, Jack,
                        B7   **A**   **E**
That she's a dancin', prancin', hard romancin' P.I.E.C.E.
           A   **E**
And she can do ___ the boogie-woogie, she can do ___ the booga-loo,
          A
And she can do the hootchie-cootchie,
    F#7   **B7**
Oh, and she knows how to nasty, too.

Chorus 2

                    A
So, if you're lookin' for a good time,

Look hard as you want but you ain't gonna find

     E   F$\sharp$7
The kinda good time you will come ev'ry Fri - day and Saturday ev'nin'

     B7   E
At the Top Hat Bar and Grille.

Verse 2

B7   E
  Well, at the Top Hat Bar and Grille

           A   E
They got this bouncer name of Gil,

                  B7   A   E
Well, he a honky tonky,   heavily funky   ex-marine.

He wear dem skintight bodybuilder shirts,

           A   E
And Jack, he'll knock you out into the dirt.

                          B7
But if you got you no money or you try to get funny,

A   E   A
  Then, mother, you gonna see __ that man gonna do the boogie-woogie,

        E   A
He gonna do the booga-loo, he gonna do the hootchie-cootchie.

        F$\sharp$7   B7
And he'll be doin' all the dancin' on you.

Chorus 3   *Repeat Chorus 2*

Bridge

A
Lookin' for a good time.

E   F$\sharp$7 B7 E
Lookin' for a bad time.

Chorus 4   *Repeat Chorus 2*

Outro |B7 |B7$\sharp$5/A |E   ‖

Vespers

Words and Music by
Jim Croce and Ingrid Croce

I'd like to think a-bout ___ her

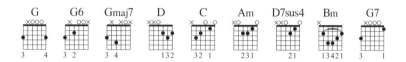

Intro

‖: G   G6 |Gmaj7 G6 :‖

Verse 1

      G   **G6**   **Gmaj7**
I'd like to think about ___ her

G6   **G**   **G6**   **Gmaj7** **G6**
  And the way she used to love me,

     D
But I just can't live without her

         C   **G**
'Cause her arms are not around ___ me.

            D
And the season's gettin' later

      C   **Am**
And my body's gettin' colder,

      D
And the vespers ring and I'm all alone,

      C   **G**   **G6 Gmaj7 G6**
With - out my love beside ___ me.

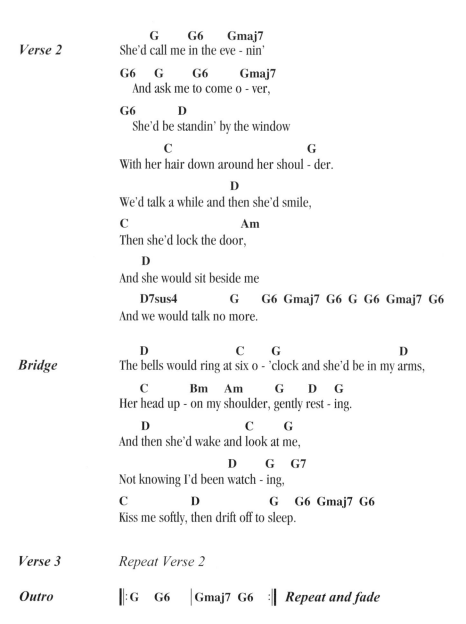

Verse 2

G   G6   Gmaj7
She'd call me in the eve - nin'

G6 G   G6   Gmaj7
And ask me to come o - ver,

G6   D
She'd be standin' by the window

       C   G
With her hair down around her shoul - der.

               D
We'd talk a while and then she'd smile,

C   Am
Then she'd lock the door,

   D
And she would sit beside me

   D7sus4   G   G6 Gmaj7 G6 G G6 Gmaj7 G6
And we would talk no more.

Bridge

   D   C   G   D
The bells would ring at six o - 'clock and she'd be in my arms,

   C   Bm   Am   G   D   G
Her head up - on my shoulder, gently rest - ing.

   D   C   G
And then she'd wake and look at me,

             D   G   G7
Not knowing I'd been watch - ing,

C   D   G   G6 Gmaj7 G6
Kiss me softly, then drift off to sleep.

Verse 3   *Repeat Verse 2*

Outro   ‖: G   G6 | Gmaj7 G6 :‖ *Repeat and fade*

Walkin' Back to Georgia

Words and Music by
Jim Croce

I'm walk-in' ___ back to Geor - gia,

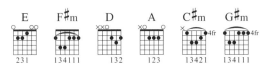

E   F#m   D   A   C#m   G#m
231 134111 132 123 13421 134111

Intro

| E | | F#m | D A | E | |
| | | F#m | D A | E | |

Hm,   hm,   hm.

Verse 1

     E   F#m
I'm walkin' back to Geor - gia,

     D   A   E
And I hope she will take me back.

            F#m
Nothin' in my pockets

     D   A   E
And all I own is up - on my back.

Chorus 1

    C#m   G#m
But she's the girl who said she loved ___ me,

    F#m   D
On that hot ___ dusty Macon road.

 A   E   F#m
And if she's still around, I'm gonna settle down

     D   A
With that a hard lovin' Georgia girl.

E F#m D A E
Hm, hm,   hm.

Verse 2

E   F#m
I'm walking back to Geor - gia.

   D A   E
She's the only one who knows

      F#m
How it feels when you lose a dream,

   D   A   E
How it feels when you dream alone.

Chorus 2   *Repeat Chorus 1*

Verse 3

E   F#m
Georgia, can't you hear me callin',

   D A   E
I'll be home in just a while.

       F#m
And if I had to I'd be crawl - in'

   D   A   E
Just to share another mornin' smile.

Chorus 3

     C#m   G#m
But you're the girl who said you loved ____ me,

   F#m   D
On that hot ____ dusty long ago.

A   E   F#m
 And if you're still around, I'm gonna settle down

    D   A
With you, my hard lovin' Georgia girl.

E F#m D A E
 Hm, hm, hm.

Verse 4

        E   F#m
Because I'm walkin' back to Geor - gia,

     D   A   E
And I hope she will take me back.

             F#m
Nothin' in my pockets

     D   A   E
And all I own is up - on my back.

Chorus 4

         C#m   G#m
But she's the girl who said she loved ____ me,

     F#m   D
On that hot ____ dusty Macon road.

A   E   F#m
  And if she's still around, I'm gonna settle down

     D   A
With that a hard lovin' Georgia girl.

E   F#m D A E
 Hm, hm, hm.

  F#m D A E
Hm, hm, hm.

Workin' at the Car Wash Blues

Words and Music by
Jim Croce

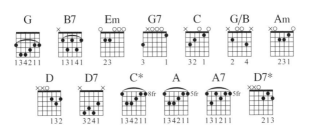

Well, I had   just __ got   out __

Intro | G   B7 | Em   G7 | C   G/B   Am   D | G   D7

                               G

Verse 1   Well, I had just got out from the county prison,

                      D7

Doin' ninety day for nonsupport.

Tried to find me an executive position but, no matter how smooth I talk,

G

    They wouldn't listen to the fact that I was genius.

                  C*   **A**

The man say, "We got all that we can use."

             A7   **G**   **B7**   **Em**

Chorus 1   Now I got them steadily de - pressin', low - down,

            G7   **C**   **G/B   Am   D7*   G**   **D7**

Mind ___ messin' workin' at the car wash   blues.

Verse 2   **G**   **D7**

Well, I should be sitting in an air-conditioned of - fice in a swivel chair

Talkin' some trash to the secretary, sayin'

"Hey now, mama, come on over here."

         G

Instead I'm stuck here rubbing these fenders with a rag,

   C*   **A**

And walkin' home in soggy old shoes

  A7   **G**   **B7**   **Em**

Chorus 2   With them steadily de - pressin', low - down,

     G7   **C**   **G/B Am D7* G**   **D7**

Mind ___ messin' workin' at the car wash   blues.

          C*

Bridge   You know, a man of my ability,

                       G

He should be smokin' on a big cigar.

       C*

But, till I get myself straight, I guess I'll just have to wait

     A7   **D7**

In my rubber suit a, rubbin' these cars.

     G

Verse 3   Well, all I can do is a, shake my head.

    D7

You might not believe that it's true.

For working at this end of Niagara Falls

                       G

Is an undiscovered Howard Hughes.

So, baby, don't expect to see me with no double martini

     C*   **A**

In any highbrow society news,

Chorus 3

      A7   G   B7   Em
'Cause I got them steadily de - pressin', low - down,

      G7   C   G/B Am D7* G   D7
Mind ___ messin' workin' at the car wash blues.

Interlude | G | | D7 | |
                 | | | G | |

Verse 4

                 G
So, baby, don't expect to see me

                     C*   A
With no double martini in any highbrow society news,

Outro-Chorus

      A7   G   B7   Em   G7
'Cause I got them steadily de - pressin', low - down, mind ___ messin',

C   G/B Am D7* G
Workin' at the car wash blues.

      D7   G   B7   Em   G7
Yeah, I got them steadily de - pressin', low - down, mind ___ messin',

C   G/B Am D7* G   C   G
Workin' at the car wash blues.

Which Way Are You Goin'

Words and Music by
Jim Croce and Ingrid Croce

Melody:

Which way are you go - in'?

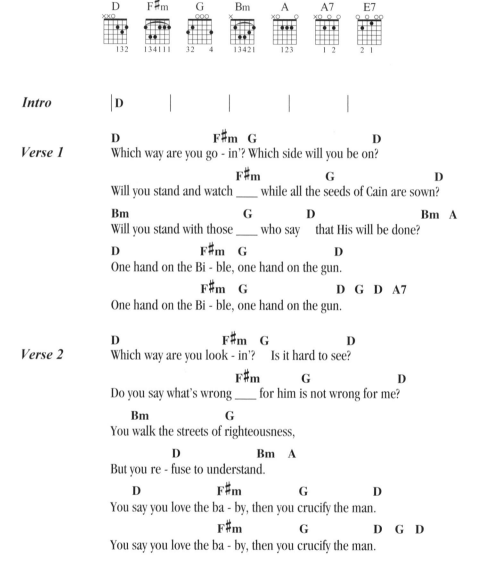

D F#m G Bm A A7 E7

Intro | D | | | |

Verse 1
D   F#m   G   D
Which way are you go - in'? Which side will you be on?

                          F#m   G   D
Will you stand and watch ____ while all the seeds of Cain are sown?

Bm   G   D   Bm   A
Will you stand with those ____ who say   that His will be done?

D   F#m   G   D
One hand on the Bi - ble, one hand on the gun.

              F#m   G   D G D A7
One hand on the Bi - ble, one hand on the gun.

Verse 2
D   F#m   G   D
Which way are you look - in'?   Is it hard to see?

                          F#m   G   D
Do you say what's wrong ____ for him is not wrong for me?

        Bm   G
You walk the streets of righteousness,

              D   Bm   A
But you re - fuse to understand.

        D   F#m   G   D
You say you love the ba - by, then you crucify the man.

              F#m   G   D G D
You say you love the ba - by, then you crucify the man.

Bridge

Bm
Ev'ry day things are changin',

F♯m　　　　　　　　**G A7 D**
Words once honored turn ___ to lies.

Bm　　　　　**D**
　People wond'rin', can you blame them?

　Bm　　**D**　　　**E7**　　**A7**
It's too far to run and too ___ late to hide.

Verse 3

D　　　　　　　　　　　　**F♯m**
　So Now you turn your back

　　　G　　　　　　　　　**D**
On all the things that you used to preach.

　　　　　　　　　F♯m　**G**　　　　　**D**
Now it's "Let him live in freedom" if he lives like me.

　　　　　　　Bm　　　　　　　**G**
Well, your line ___ has changed, con - fusion reigns.

D　　　　　　　　**Bm**　**A**
　What have you become?

　　D　　　　　　　**F♯m**
Your olive branches turned ___ to spears

　　　　G　　　　　　　**D**
When your flowers turned to guns.

　　　　　　　F♯m
Your olive branches turned ___ to spears

　　　　G　　　　　　　**D**
When your flowers turned to guns.

You Don't Mess Around with Jim

Words and Music by
Jim Croce

E7   A7   B7

Intro | E7 | | | |

Verse 1

E7
Uptown got its hustlers, the bow'ry got its bums.

Forty-second street got big Jim a Walker.

He a pool shootin' son of a gun.

     A7
Yeah, he big ____ and dumb as a man can come,

But he's stronger than a country horse.

    B7   A7
And when the bad folks all get to - gether at night

    B7   A7   E7
You know they all call big Jim, "Boss," ____ just because.

And they say,

	A7 E7
Chorus 1	"You don't tug on Superman's cape,

A7   **E7**
You don't spit into the wind,

A7
You don't pull the mask off that old Lone Ranger,

B7   **E7**
And you don't mess around with Jim."

                                                    B7
A, doo, 'n, doo, da, da, dee, dee, 'n, dee, dee, dee.

                      E7
Verse 2   Well, out of south Alabama come a country boy.

He said, "I'm lookin' for a man named Jim.

I am a pool shootin' boy. My name is Willie McCoy,

But down a home they call me, 'Slim.

            A7
Yeah, I'm look - in' for the king of Forty-second Street.

He drivin' a drop top Cadillac.

                      B7   **A7**
Last week he took ____ all my money in it may sound funny,

      B7   **A7**
But I come to get my money back."

            E7
And ev'rybody say, "Jack, woo, don't you know that...

Chorus 2   *Repeat Chorus 1*

	E7
Verse 3	Well, a hush fell over the pool room

'Till Jim, he come boppin' in off the street.

And when the cuttin' was done the only part that wasn't bloody

Was the soles of the big man's feet. Woo.

      A7
Yeah, he was cut in 'bout a hundred places,

And he was shot in a couple more.

     B7   **A7**
And you better believe I sung a diff'rent kind of story

     B7   **A7**   **E7**
When, a, big Jim hit the floor. ____ Oh.

Yeah, they sing…

	A7 **E7**
Chorus 3	"You don't tug on Superman's cape,

     A7   **E7**
You don't spit into the wind,

     A7
You don't pull the mask off that old Lone Ranger,

     B7   **E7**
And you don't mess around with Slim." ____ Hmm.

	E7
Breakdown	*Yeah, Big Jim got his hat. Find out where it's at.*

It's not hustlin' people strange to you.

Even if you do got a two-piece, custom-made pool cue. Hm, hm.

Chorus 4	*Repeat Chorus 3*
Outro	‖: **E7**	:‖ *Repeat and fade w/ vocal ad lib.*